PETIT CODE DE LA COMMUNICATION

Catalogage avant publication de la Bibliothèque nationale du Canada

St-Arnaud, Yves

Petit code de la communication

(Alter ego)

1. Communication interpersonnelle. 2. Relations humaines. I. Titre.
II. Collection: Alter ego (Éditions de l'Homme).

BF637.C45S24 2004 153.6 C2004-941339-2

DISTRIBUTEURS EXCLUSIFS:

- Pour le Canada
et les États-Unis:
MESSAGERIES ADP*
955, rue Amherst
Montréal, Québec
H2L 3K4
Tél.: (514) 523-1182
Télécopieur: (514) 939-0406
* Filiale de Sogides ltée

- Pour la France et les autres pays:
INTERFORUM
Immeuble Paryseine, 3, Allée de la Seine
94854 Ivry Cedex
Tél.: 01 49 59 11 89/91
Télécopieur: 01 49 59 11 96
Commandes: Tél.: 02 38 32 71 00
Télécopieur: 02 38 32 71 28

- Pour la Suisse:
INTERFORUM SUISSE
Case postale 69 - 1701 Fribourg - Suisse
Tél.: (41-26) 460-80-60
Télécopieur: (41-26) 460-80-68
Internet: www.havas.ch
Email: office@havas.ch
DISTRIBUTION: OLF SA
Z.I. 3, Corminbœuf
Case postale 1061
CH-1701 FRIBOURG
Commandes: Tél.: (41-26) 467-53-33
Télécopieur: (41-26) 467-54-66
Email: commande@ofl.ch

- Pour la Belgique et le Luxembourg:
INTERFORUM BENELUX
Boulevard de l'Europe 117
B-1301 Wavre
Tél.: (010) 42-03-20
Télécopieur: (010) 41-20-24
http ://www.vups.be
Email: info@vups.be

Pour en savoir davantage sur nos publications,
visitez notre site: **www.edhomme.com**
Autres sites à visiter: www.edjour.com • www.edtypo.com
www.edvlb.com • www.edhexagone.com • www.edutilis.com

Dépôt légal: 3e trimestre 2004
Bibliothèque nationale du Québec

ISBN 2-7619-1991-2

Gouvernement du Québec – Programme de crédit d'impôt pour l'édition de livres – Gestion SODEC – www.sodec.gouv.qc.ca

Le Conseil des Arts du Canada
The Canada Council for the Arts

Nous remercions le Conseil des Arts du Canada de l'aide accordée à notre programme de publication.

L'Éditeur bénéficie du soutien de la Société de développement des entreprises culturelles du Québec pour son programme d'édition.

Nous reconnaissons l'aide financière du gouvernement du Canada par l'entremise du Programme d'aide au développement de l'industrie de l'édition (PADIÉ) pour nos activités d'édition.

YVES ST-ARNAUD

PETIT CODE DE LA COMMUNICATION

LES ÉDITIONS DE L'HOMME

INTRODUCTION

Très tôt dans la vie, nous apprenons à bouger et à parler. Ce sont nos outils pour communiquer avec nos semblables. À mesure que nous grandissons, toutes sortes de règles nous sont fournies pour apprendre à vivre en société. Et pourtant, elles disent peu sur la façon de bien communiquer.

Ce livre propose un guide de la communication qui s'applique partout où deux personnes se rencontrent : parent et enfant, frère et sœur, professeur et étudiant, patron et employé, professionnel et client, consommateur et fournisseur, conjoints, amis, collègues, associés et partenaires de toutes sortes.

À partir de maintenant, cher lecteur ou chère lectrice[1], je prends la liberté de nous considérer comme des compagnons de route. Je me permets même une familiarité qui rendra mon texte plus vivant : j'utilise le « je » et le « tu ». Je me servirai d'images connues de tous ; ce sera une sorte de code de la route pour bien communiquer. Imagine que tu te trouves dans une voiture – choisis la voiture de tes rêves – et que tu voyages avec une personne qui a aussi sa voiture. Vous circulez sur la même route. Je te proposerai une façon de conduire la conversation pour rester sur la route, ne pas perdre de

1. Je n'ai pas trouvé de façon simple de désigner à la fois un homme et une femme. Le plus souvent, je m'en tiendrai à l'usage courant, c'est-à-dire l'emploi du masculin. J'emploierai aussi des expressions comme « la personne » qui s'appliquent aux deux sexes.

vue ton compagnon, éviter les accidents et te rendre là où tu veux aller avec cette personne.

Pour t'aider à comprendre et à utiliser mon code, je mettrai en scène différents personnages. Tu seras l'acteur appelé à jouer divers rôles. Je t'inviterai à devenir un vendeur, un voisin, une adolescente, une étudiante, une gestionnaire, un conjoint, un gérant de magasin, le neveu de tante Émilie, un associé, une collègue de travail et une enseignante. Tu pourras aussi observer une mère qui apprend à son fils à conduire une voiture, deux amis qui discutent d'une décision difficile à prendre, une bénévole sur une ligne d'écoute, deux professionnels qui ont une décision à prendre, un locataire dont le sous-sol a été inondé, une employée malmenée par son patron, deux adeptes du covoiturage, un mari satisfait d'avoir réglé un conflit dans son couple, un père qui a une discussion avec son fils au sujet de la drogue, une syndiquée en brouille avec sa responsable syndicale, deux colocataires en désaccord concernant le partage des dépenses et une collègue de travail agressive envers son chef d'équipe.

J'écris ce livre parce que je suis persuadé que toute personne se construit, au cours de sa vie, un code personnel de communication. Un de mes buts est de te donner l'occasion de réfléchir sur le code que tu utilises. L'autre est de te convaincre que mon code donne de bons résultats. Il n'a pas à être meilleur ou moins bon que le tien ; il suffit qu'il soit efficace. Tu auras l'occasion de comparer nos codes. Si le mien te plaît, je te donnerai les moyens de t'en servir.

Mon code est fondé sur des réflexions personnelles, mes propres succès et mes échecs de communication. Il prend aussi en considération ce que j'ai observé chez d'autres personnes. Depuis des années, mon métier de psychologue m'a permis d'analyser des centaines de rapports d'accidents qui se sont produits sur les routes de la communication. J'ai cherché à comprendre la différence entre un bon conducteur et un chauffard. Je résume mes observations dans ce livre.

Un paradoxe : je te parlerai de communication et je serai le seul à parler (ou plutôt à écrire). À chaque paragraphe, j'aurai le goût de te demander : « Qu'en penses-tu ? » ou « Me comprends-tu ? » ou « As-tu des commentaires ? » Je devrai me contenter d'imaginer tes réponses. Ce sera difficile. Pour compenser cette limite, je t'invite à communiquer avec moi par courriel si tu veux réagir à ce livre ou à des phrases en particulier. À certains endroits stratégiques, je ne résisterai pas à la tentation de te demander une réaction. Voici mon adresse électronique : <Yves.St-Arnaud@USherbrooke.ca>.

J'ai choisi de parler ici à partir de mon expérience, même si j'ai été influencé par plusieurs auteurs qui ont écrit sur le sujet. Je ne donnerai qu'une référence à un livre savant dans lequel j'ai déjà publié le résultat de mes recherches et les fondements de mon *Petit code de la communication* ; il contient plus de 100 références : Y. St-Arnaud, *L'interaction professionnelle : efficacité et coopération*, 2e éd., Montréal, Presses de l'Université de Montréal, 2003.

Enfin, si la lecture de mon *Petit code de la communication* te donne le goût d'aller plus loin, un site Internet propose des exercices. L'utilisateur est invité à construire des dialogues avec différents interlocuteurs. Il reçoit en direct un *feed-back* sur l'usage qu'il fait des règles et des astuces proposées dans ce livre. L'adresse de ce site Internet est la suivante : <http://FormatNeuf.com>.

CHAPITRE I
LE DÉCOR

Mon *Petit code de la communication* comprend des informations sur la route, sur les voitures, sur le fonctionnement des voitures, sur les feux de signalisation et sur la diversité des codes. Ce sera l'objet du premier chapitre. J'y mets en place les éléments nécessaires pour aborder, dans les prochains chapitres, la façon de circuler et les règles d'une conduite prudente. C'est dans ce décor que je mettrai en scène les différents personnages qui serviront à illustrer mon code de la communication.

La route

Commençons par la route. La clé de mon code est qu'on ne peut parler à quelqu'un sans vouloir quelque chose. Dès que je dis « Bonjour » ou « Je t'appelle pour... » ou « Je veux te voir... » ou « Qu'est-ce que tu veux ? », j'attends quelque chose de la personne à qui je parle. C'est peut-être quelque chose d'important ou seulement un signe qu'elle m'écoute, mais je ne peux pas ne rien attendre. J'utiliserai le mot VISÉE pour désigner cette clé maîtresse de mon *Petit code de la communication* : la visée est l'effet immédiat que je souhaite produire chez l'autre par une parole, une mimique, un geste ou un silence. Cette visée, elle est toujours là, même si j'ai parfois l'impression que je n'attends rien de l'autre. Elle change continuellement au cours d'un dialogue. Par exemple, je peux commencer un dialogue en voulant que l'autre m'écoute ; ensuite, je peux vouloir qu'il réagisse à ce que je dis ; ensuite, qu'il cesse de faire de l'obstruction, et ainsi de suite.

Cela ne veut pas dire que je peux toujours nommer mes visées ; elles peuvent être diffuses ou non conscientes. C'est ce que je ressens qui me renseigne sur mes attentes. J'aime une réaction de la personne à qui je parle ? Je sais qu'elle répond à mon attente. Je n'aime pas ? Je conclus qu'elle ne répond pas à ce que j'attends. Le sentiment ne trompe pas. Il est rapide et peut me mettre sur la voie pour devenir conscient de mes visées. C'est mon radar émotionnel.

Si jamais tu n'es pas convaincu et que tu trouves une situation où tu n'attends rien, dis-le-moi ; je changerai mon code dès que je trouverai une exception. Une telle situation voudrait dire que, quelle que soit la réaction de la personne à qui tu parles, y compris l'absence de réponse ou le mépris à ton endroit, tu serais satisfait. Et même dans ce cas extrême, on pourrait se demander à quelle visée cela répond. Si je suis capable de dire que j'aime ou je n'aime pas la réaction de l'autre, si j'estime que telle réaction est préférable à telle autre, c'est l'indice qu'une visée guide mon dialogue.

Dès qu'un contact est établi, directement ou au téléphone ou par courriel, les deux personnes concernées sont sur la route. Une route qui conduit là où l'un des deux souhaite aller en compagnie de l'autre. Il y a deux possibilités : je propose la destination si c'est moi qui m'adresse à quelqu'un ; l'autre propose la destination si c'est lui qui prend contact avec moi.

Si c'est moi qui commence la conversation, je choisis la destination et j'invite mon interlocuteur à m'y accompagner. Parfois, je connais le chemin et je demande à l'autre de me suivre : « J'ai une proposition à te faire... » Parfois, je m'adresse à une autre personne parce que c'est elle qui connaît le chemin ; je lui demande de me guider vers ma destination : « Bonjour, docteur. Je voudrais un examen ; ma vue baisse et j'ai besoin de nouvelles lunettes. » La plupart du temps, je prends la route en sachant où je vais, comme dans les cas précédents : je veux que l'autre accepte ma proposition ou je veux que l'optométriste me prescrive des lunettes qui me permettront de mieux voir. Parfois, la destination finale ne sera pas déterminée au point de départ : une simple balade avec un ami au cours de laquelle on décide du parcours au gré de nos caprices. « Es-tu libre pour dîner ? » Ma première destination est atteinte s'il répond « oui », mais je n'ai rien planifié pour la suite. Peu importe ce dont nous parlerons, j'ai seulement le goût que nous soyons ensemble. Nos destinations se préciseront et changeront selon l'inspiration du moment. Mes attentes seront satisfaites tant que je me sentirai bien en présence de mon ami.

Lorsqu'une autre personne s'adresse à moi, c'est elle qui propose la destination. Elle veut que je l'accompagne sur sa route. Quoi que je fasse ou quoi que je dise en réaction à ses premiers mots, je suis déjà sur sa route, même si c'est pour en sortir le plus vite possible.

(On frappe à la porte.)

– [J'ouvre.] Oui ?

– Bonjour, monsieur. Je suis dans la région et j'ai pensé que vous seriez intéressé à connaître la promotion que nous faisons pour...

– Non merci, je ne suis pas intéressé.

– J'aimerais seulement vous...

– Non merci ! [Je ferme la porte.]

Voilà un cas facile. J'ai répondu à mes attentes, même si je n'ai pas été poli. J'ai pris la route avec le vendeur juste le temps qu'il faut pour en sortir. La destination était choisie par mon interlocuteur : la vente d'un produit. Sans même savoir ce qu'il voulait me vendre, mon message était clair : « Quel que soit le produit, je ne suis pas intéressé à la sollicitation de porte en porte. » Il a insisté et j'étais en position de force pour obtenir ce que, moi, je voulais : qu'il parte. J'ai refusé de circuler sur sa route. En disant : « Non merci, je ne suis pas intéressé », mon attente était qu'il parte. Il a continué et je n'ai pas aimé ça. J'ai opté pour une stratégie plus forte : « Non merci ! » [Je ferme la porte.] J'ai obtenu ce que je voulais en quelques secondes. C'était facile parce que j'étais chez moi, j'avais la main sur la porte et je n'avais aucune obligation face à ce visiteur. C'est plus difficile lorsque la route est choisie par mon patron, ma conjointe, mon client ou tante Émilie. Nous y reviendrons.

Reprenons la scène du vendeur. Imagine maintenant que c'est toi, le vendeur. Que ferais-tu pour avoir une bonne communication ? Imagine les premiers mots que tu dirais lorsqu'on ouvre la porte. Que penses-tu de ceci :

– Oui ?

– Bonjour, monsieur. Excusez-moi de vous déranger sans avoir de rendez-vous. J'étais dans la région et j'ai pris une chance que vous ayez quelques minutes à me consacrer.

Si cette entrée en matière te semble franchement mauvaise, il est peu probable que tu prennes plaisir à lire la suite de ce livre. Si elle pique ta curiosité, la suite pourra t'intéresser, même si tu es persuadé que tu ferais mieux dans une telle situation. Le vendeur que je fais parler dans cette scène utilise mon code de la communication. L'important ici est que la première destination proposée ne soit pas la vente de son produit. Il commence par circuler sur une voie auxiliaire : il vérifie si la personne qui répond est prête à faire un bout de chemin avec lui. La réponse indiquera s'il est possible de prendre ensuite le tournant qui conduira à la route principale. Pour l'instant, le vendeur reste sur la voie auxiliaire : est-ce qu'on peut se parler ? Il sera satisfait si l'autre répond quelque chose comme ceci : « De quoi s'agit-il ? » Cela est plus intéressant pour lui que la première réaction dans le dialogue précédent : « Non merci, je ne suis pas intéressé. » Il n'y a rien de gagné et la deuxième phrase sera un meilleur test. Reprends le rôle du vendeur ; que dirais-tu ? J'aimerais t'entendre, car nous pourrions discuter de nos codes respectifs. La suite d'un dialogue où le vendeur utilise mon code pourrait ressembler à ceci :

– Oui ?

– Bonjour, monsieur. Excusez-moi de vous déranger sans avoir de rendez-vous. J'étais dans la région et j'ai pris une chance que vous ayez quelques minutes à me consacrer.

– De quoi s'agit-il ?

– Avant de répondre, permettez-moi de vérifier une chose : est-ce que le moment est mal choisi ?

– Vous voulez me vendre quelque chose ?

– J'aimerais essayer, mais je ne sais pas si je peux le faire maintenant ou s'il est préférable de prendre un rendez-vous.

Il n'y a rien de magique dans ces phrases, mais remarque que l'interlocuteur n'a pas encore fermé la porte. Cela ne devrait pas tarder s'il ne veut aucune sollicitation ; mais le vendeur aura mis toutes les chances de son côté s'il utilise bien le code de la route que je propose. Je souligne, pour l'instant, que le vendeur n'a rien dit du produit qu'il veut vendre : il part lentement. De plus, il n'essaie pas de cacher ses intentions. S'il accepte la sollicitation, l'autre souhaitera peut-être savoir de quoi il s'agit. S'il demande : « Qu'est-ce que vous vendez ? », on sera encore sur la route choisie par le vendeur. Ce sera un petit succès de communication.

Aucune des options exprimées par le vendeur dans sa troisième phrase ne permet à son interlocuteur de répondre par oui ou non. S'il souhaite répondre que le vendeur perd son temps, qu'il ne veut pas l'entendre, ni maintenant ni plus tard, il devra faire un effort. Il n'aura pas la partie aussi facile que dans le premier exemple où il suffisait de dire non au vendeur dès l'entrée en matière : « J'ai pensé que vous seriez intéressé... »

Il m'est arrivé souvent d'être sollicité. La plupart du temps, le vendeur me disait qu'il ne voulait rien me vendre... Je ne le croyais pas. Je n'avais aucune envie de le suivre. Mon code suppose que, dans toute communication, on prend le temps d'indiquer sa destination. Si c'est l'autre qui sollicite, on lui demande, au besoin, où il souhaite nous emmener. J'aime bien cette phrase d'une collègue qui répondait ainsi lorsqu'elle sentait que l'autre ne disait pas la vérité : « Il est vrai, ce mensonge ? »

Je n'ai pas tout dit au sujet de cette route de la communication ; c'est une route bizarre. Mais, avant de poursuivre, je veux te parler des voitures et de leur fonctionnement.

Les voitures

Je me sers de l'image des voitures pour parler de la communication. Oublions pour l'instant le luxe du covoiturage où deux personnes se font suffisamment confiance pour voyager ensemble ; j'en dirai un mot à la fin du livre. Je m'intéresse ici à la communication la plus courante. En règle générale, quand deux personnes communiquent, chacune veut garder le contrôle. Donc deux voitures.

L'intérêt de cette image est qu'elle évoque une destination : on utilise une voiture pour aller quelque part. Je l'ai déjà dit et je le répéterai souvent, car c'est la clé de mon *Petit code de la communication* : je ne peux communiquer sans attendre quelque chose, même si ce quelque chose est simplement d'être bien accueilli par une personne que j'aime ou d'obtenir un signe d'intérêt de l'étranger que j'aborde. De plus, une voiture, ça se voit et ça s'entend. Elle représente le non-verbal, c'est-à-dire les gestes et les bruits que l'on fait plus ou moins consciemment lorsqu'on est en conversation.

Il y a toutes sortes de voitures sur la route de la communication. Certains aiment la voiture sport, d'autres, la grosse voiture. Les uns préfèrent la fiabilité, la sécurité, le ronronnement silencieux ; les autres, l'éclat, le *look*, le vrombissement du moteur. On peut faire beaucoup de choses avec sa voiture et l'arranger à son goût. Par ailleurs, on ne choisit pas les voitures des personnes avec qui l'on voyage. Je dois parfois suivre une charrette de foin sur une route de campagne et d'autres fois accélérer pour m'éloigner d'un mastodonte qui me colle aux fesses.

Si mon *Petit code de la communication* t'intéresse, je t'inviterai à déceler toutes sortes de bruits qui t'indiqueront l'état de ta voiture et les particularités de celle que conduit ton interlocuteur. Comme le pilote de course professionnel ou le mécanicien averti, tu pourras reconnaître les bruits insolites ou les changements subtils dans le régime du moteur. Ils t'aideront à améliorer ta communication.

Quand je suis seul dans une vraie voiture, j'ai beau parler, personne ne m'entend. Sur la route de la communication, c'est différent. Les deux voitures sont reliées par cellulaires : le conducteur de l'autre voiture peut m'entendre et, inversement, j'entends chacune de ses paroles. Je ne reçois pas toujours cinq sur cinq. Souvent, les bruits de la machine me font manquer des bouts importants, et c'est la même chose pour l'autre conducteur. Il t'est probablement arrivé de te demander quel était le rapport entre la réaction de l'autre et ce que tu venais de dire au cours d'une conversation. Il faut aussi tenir compte du fait que certains conducteurs sont durs d'oreille ou carrément sourds. Certains vont jusqu'à fermer leur cellulaire lorsque la conversation prend une tournure déplaisante. Autant de difficultés qu'un code de la communication doit résoudre. Je poursuis la description des voitures en parlant de leur fonctionnement.

Le fonctionnement des voitures

Une voiture de la communication ressemble à une voiture équipée d'une transmission automatique : elle est contrôlée par un accélérateur et un frein. Son fonctionnement est très différent cependant. J'appuie sur l'accélérateur lorsque je prends la position d'un émetteur au cours d'une conversation ; quand je freine, je deviens récepteur. Lorsqu'ils circulent sur la route de la communication, les deux conducteurs ne peuvent accélérer simultanément. S'il nous arrive de parler en même temps, on ne s'entend plus. Il faut que l'un des deux cesse d'accélérer pendant que l'autre est émetteur. Le fonctionnement de base consiste donc à passer de l'accélérateur au frein et du frein à l'accélérateur. Tout ce que je dis et tout ce que je fais pour communiquer peut se classer dans ces deux catégories. Je m'explique.

J'occupe la position d'émetteur lorsque je dis ce que je vois, ce que je pense, ce que je ressens ou ce que je veux. Je parle aussi avec mon corps : un signe de tête pour approuver, un mouvement de gauche à droite pour dire non, les bras en l'air pour exprimer mon impatience, un débit plus rapide pour traduire mon excitation, toutes sortes de bruits pour accentuer mes messages ou réagir aux phrases de l'autre. J'appuie sur l'accélérateur chaque fois que je donne mon point de vue, verbalement ou non verbalement. Habituellement, le mouvement de la voiture et la façon de conduire aident à bien comprendre les paroles : le conducteur dit « oui », le ton indique que c'est une question : « Oui ? » La voiture a parfois des comportements qui ne concordent pas avec les paroles : j'affirme que tout va bien, mais ma voiture a des ratés. L'autre se demande s'il doit écouter les mots ou se fier à ce qu'il voit.

Je suis récepteur lorsque j'écoute le point de vue de l'autre. Je peux écouter en silence : l'absence de paroles et le non-verbal indiquent que j'ai le pied sur le frein. Je peux aussi prononcer des phrases pour inviter l'autre à parler, à réagir, à s'exprimer. Pour appuyer sur le frein, il faut que je sois centré sur l'autre. Le simple fait d'arrêter de parler lorsque l'autre prend la parole ne suffit pas. Disons que j'ai le pied entre le frein et l'accélérateur lorsque l'autre parle sans que je me centre sur lui. Par exemple, il me pose une question ; je lève le pied de l'accélérateur pour ne pas parler en même temps que lui, mais c'est pour mieux accélérer tout de suite après, lorsque je réponds à la question. Je deviendrais récepteur si je disais, par exemple : « Pourquoi me poses-tu cette question ? »

Dans le dialogue suivant, deviens Motus, qui communique avec son voisin sans jamais appuyer sur l'accélérateur. Une mise en garde : ce dialogue n'est pas un exemple de bonne communication ; tu comprendras pourquoi quand je t'aurai expliqué les règles d'une conduite prudente dans le chapitre III. Je t'invite à tenir ce rôle uniquement pour t'aider à comprendre ce que veut dire « accélérer » et « freiner » sur la route de la communication. Dans toutes tes paroles, si tu acceptes le rôle de Motus, tu seras récepteur. Le voisin sera émetteur chaque fois qu'il parlera. Il cessera d'accélérer lorsque tu parleras, mais dès qu'il reprendra la parole, il remettra le pied sur l'accélérateur. Comme dans tous les dialogues qui suivront, j'utilise des chiffres pour désigner le personnage principal ; ici, c'est Motus. Les paroles de l'interlocuteur, le voisin, sont précédées d'un tiret (–). C'est le voisin qui commence la conversation ; tu le suis sur sa route.

– Regarde ce dégât ! Les enfants d'en face ont encore piétiné ma platebande de fleurs.

1. Hum, hum.

– Ils n'ont aucune discipline.

2. Les as-tu avertis ?

– Oui, plusieurs fois, mais c'est comme si je n'avais rien dit. J'en ai même parlé à Jérôme, leur père.

3. Les enfants n'écoutent pas...

– Je te le dis, ils n'ont aucune discipline.

4. Tu me dis que tu en as parlé à Jérôme...

– Oui. J'ai été poli, mais la prochaine fois il va savoir ma façon de penser.

5. J'essaie de t'imaginer en face de Jérôme. Qu'est-ce que tu vas lui dire ?

– Je ne sais pas, mais il va y goûter.

6. Il va y goûter...

– Ouais. Je ne me fâche pas souvent, mais quand je me décide...

7. As-tu une bonne relation avec lui ?

– Je ne le connais pas bien, mais j'ai l'impression qu'il est de cette nouvelle génération de parents « laisser-faire » ; ils sont incapables de contrôler leurs enfants.

8. Tu n'espères pas grand-chose d'une discussion avec Jérôme...

– Non. C'est intolérable ! C'est la troisième fois que cela arrive depuis le début de l'été !

9. Qu'est-ce que tu peux faire avec les fleurs piétinées ?

– Elles sont bonnes à jeter. Regarde mes iris, les bulbes sont brisés.

10. Vas-tu en acheter d'autres ?

– Non, la saison est trop avancée.

Dans tout ce dialogue, Motus a parlé, mais il n'a rien dit de lui : il n'a jamais été émetteur. On ne sait rien de ce qu'il pense de l'incident, ou des enfants du voisin, ou de leurs parents, ou de l'idée d'affronter Jérôme, ni même s'il compatit au malheur de son voisin. Les paroles de Motus illustrent 10 façons d'occuper la position de récepteur ; je les expliquerai dans le prochain chapitre, qui traite de la circulation sur la route de la communication. De son côté, le voisin est toujours émetteur ; il ne sollicite jamais le point de vue de Motus : aucune question, aucune invitation à réagir. Il n'occupe jamais la position de récepteur.

Le fait de ne pas changer de position, d'être trop longtemps émetteur ou trop longtemps récepteur ne respecte pas les règles d'une conduite prudente que je décrirai dans le chapitre III. Ici, cela est sans conséquence. Motus a accepté de bon gré de suivre la route de son voisin qui avait le goût de se plaindre un peu. Celui-ci obtient probablement le soutien qu'il recherchait puisque Motus l'écoute et lui pose des questions. Dans une situation où les enjeux seraient plus importants, on risquerait des accrochages.

Retenons que, dans toute communication, il y a deux positions de base, symbolisées par l'accélérateur et par le frein : je suis émetteur ou récepteur. J'indiquerai plus loin comment je passe de l'un à l'autre pour bien tenir la route et éviter les accidents.

Les feux de signalisation

J'ai commencé, plus haut, à décrire la route de la communication. J'ai affirmé qu'on ne peut parler avec quelqu'un sans être en route pour une destination proposée par l'un des deux. Chacun est dans sa voiture et on décide si l'on veut voyager ensemble sur la route proposée. Mais je n'ai pas tout dit au sujet de la route. Il faut maintenant parler des feux de signalisation. Lorsqu'on est dans une vraie voiture, sur une route asphaltée, ils sont très visibles. Si je connais bien une route, je peux les compter dans ma tête ; parfois, je m'en sers comme point de repère : « Au troisième feu, je tourne à droite... » Lorsque je suis sur une route peu connue, je surveille davantage, mais je vois de loin les feux de signalisation et j'ai le temps de prendre une décision : si le feu est vert depuis longtemps, je m'attends à ce qu'il change bientôt ; si le feu devient jaune, j'ai le choix de freiner ou d'accélérer pour passer avant le feu rouge.

Sur la route de la communication, c'est beaucoup plus compliqué. C'est une route bizarre comme on en trouve dans les contes de fées. Les feux de signalisation ne sont pas placés à des endroits fixes. De plus, ils sont si mal foutus que parfois on ne les voit même pas. En pratique, la plupart des gens ne s'en occupent pas ; ils font comme si la voie était toujours libre pour les mener rapidement là où ils veulent aller. Ils considèrent que la route leur appartient et présument que leur interlocuteur va les suivre. La conséquence est qu'il y a plein de sorties de route et souvent de graves accidents. J'ai mis des années à apprendre à circuler sur cette route bizarre. Aujourd'hui, je me débrouille mieux ; mais souvent, j'ai eu chaud. Je dois t'avouer que j'ai même bousillé quelques voitures, parfois la mienne et parfois celle de la personne avec qui je circulais. C'est pourquoi j'ai décidé d'écrire un *Petit code de la communication* pour transmettre ce que j'ai appris, en espérant que cela pourra servir à d'autres.

Si tu me suis toujours, je veux maintenant expliquer comment utiliser les feux de signalisation pour bien communiquer. Le plus étrange sur cette route, c'est que les feux ne sont pas sur la route elle-même. Ils sont situés sur la voiture de la personne avec qui je circule. Un feu s'allume chaque fois que je dis quelque chose : l'autre réagit à chacune de mes paroles par un feu vert quand ça va bien, un feu jaune quand c'est moins bien et un feu rouge quand il ne réagit pas comme je le souhaite. C'est toute la voiture qui se colore en vert, en jaune ou en rouge après chacune de mes paroles. J'ai appris que, pour bien communiquer, en plus de garder un œil sur la route, je ne dois jamais perdre de vue la voiture de mon interlocuteur.

Mais attention ! les feux ne s'allument pas automatiquement ; c'est pourquoi la plupart des gens ne les voient pas. Si je veux m'en servir, il faut que je me branche sur mes émotions. Tout se passe comme si un bouton placé sur mon tableau de bord activait mon radar émotionnel. J'appuie sur ce bouton lorsque je me pose une question toute simple. Après chacune de mes paroles, au cours d'une conversation, je me demande : est-ce que la réaction de l'autre me plaît ? C'est ma propre réponse à cette question qui allume les feux de signalisation. Et cela ne prend pas de temps. Les émotions sont beaucoup plus rapides que la pensée. C'est instantané. La voiture devient verte lorsque, à la suite de ce que je viens de dire, j'aime bien ce que j'entends et ce que je vois chez l'autre. La voiture est jaune lorsque, sans trouver la réaction pleinement satisfaisante, je m'en accommode. Enfin, c'est rouge lorsque j'entends ou vois quelque chose qui me déplaît. En fait, c'est bien simple : j'aime ou je n'aime pas ce que mes paroles produisent comme effet. C'est mon sentiment qui se traduit dans la couleur que je donne à la voiture de mon interlocuteur. Le sentiment, il est toujours là, mais il m'appartient de m'en servir ou de l'ignorer. Lorsque j'active les feux de signalisation – en portant attention à ce que je ressens –, je traduis mon sentiment en colorant la voiture de celui avec qui je circule. Voyons ça concrètement.

Deviens Brigitte, une adolescente de seize ans qui veut partir en voyage avec des amies. Après chacune de ses paroles, j'imagine différentes réactions de la mère. En te mettant dans la peau de Brigitte, essaie de dire la couleur que tu vois : vert si ça te plaît ; jaune si c'est passable et rouge si tu n'aimes pas du tout sa réaction. Au début, je vais faire l'exercice et je te laisserai filer ensuite. Si tu ne mets pas les mêmes couleurs que moi, tu comprendras encore mieux comment la route de la communication est bizarre. Les feux de signalisation peuvent varier d'un conducteur à l'autre : la couleur dépend de ce qu'on attend, de sa visée.

Je prends la place de Brigitte et j'indique les couleurs que je vois après ma première phrase. J'imagine trois réactions : une qui me paraît verte, l'autre que je vois jaune et la troisième qui est rouge. Pour la suite du dialogue, je te laisse le soin de mettre tes couleurs à toi. Je me sers toujours de la dernière phrase de la mère pour inventer la réplique qui suit.

1. Maman, Chantal et Sonia vont au mont Tremblant en fin de semaine. Je veux y aller avec elles. Elles m'ont invitée. On va coucher chez la tante de Sonia ; il y a de la place pour trois.
   – *D'accord, Brigitte, mais je veux que vous soyez prudentes.* (Vert.)
   – *Il va pleuvoir en fin de semaine, ce n'est pas un bon temps.* (Jaune.)
   – Non, Brigitte ; en fin de semaine, c'est la fête de grand-maman. Elle vient dîner dimanche et elle sera déçue si tu n'es pas là. *(Rouge.)*

2. Maman, c'est une occasion unique, je n'ai jamais vu le mont Tremblant ; il paraît que c'est superbe.
   – *Bon, d'accord, mais à une condition : tu vas aller voir grand-maman, avant de partir, pour lui souhaiter bonne fête.* jaune
   – *Tes copines, elles veulent y aller comment ?* rouge
   – Tu auras bien d'autres occasions. D'ailleurs, je n'aime pas te voir partir avec Sonia. Je trouve qu'elle manque de jugement parfois.

3. Tu n'es pas juste ! Tu critiques toujours mes amis. Moi aussi, je pourrais en parler, de tes amis...

– *Laissons faire les amis ; c'est juste que je m'inquiète à ton sujet.*
– *Bon, bon, d'accord, je ne veux pas dire que tu dois cesser d'être amie avec Sonia.*
– Brigitte, ne sois pas impertinente. Je suis ta mère et tu ne dois pas me parler sur ce ton.

Tu conviendras que ce n'est pas difficile de voir les feux rouges pour Brigitte, lorsqu'on connaît sa visée : avoir la permission de partir. Avec un peu d'entraînement, on devient habile à colorer l'effet que l'on produit chez l'autre. Pour le vert et le jaune, c'est moins tranché, mais cela est secondaire. Dans les deux cas, on peut continuer sa route. C'est chaque conducteur qui décide de la couleur à donner, à partir de ce qu'il ressent. Le jaune est utile pour faire de la prévention : c'est une invitation à plus de prudence. Mais le rouge est à prendre au sérieux si l'on veut éviter les accidents. Les règles de prudence que je présenterai dans le chapitre III indiqueront comment j'utilise les feux de signalisation sur la route de la communication. Déjà, si tu t'entraînes à voir ton interlocuteur en vert, en jaune ou en rouge dans tes conversations courantes, tu posséderas la clé de mon *Petit code de la communication* : tu pourras faire un lien entre tes visées et les effets réels que tu produis chez l'autre.

Revenons au dialogue entre Brigitte et sa mère. Le code de communication de Brigitte est différent du mien. Il se passe ici ce que j'ai observé dans bien des conversations : il est impossible de savoir si l'échec est dû aux maladresses de Brigitte ou au fait que sa mère était inflexible dans son refus. Brigitte ne peut savoir d'avance s'il est possible d'obtenir la permission souhaitée. Le vendeur déjà cité était dans la même situation. Le code de la communication ne produit pas de miracle, il ne vise pas à manipuler son interlocuteur pour le forcer à faire ce qu'on veut. Au contraire, une telle attitude ne respecte pas le code que je propose ; elle suscite la méfiance. Je ne peux nier que plusieurs conducteurs obtiennent ce qu'ils veulent en manipulant l'information. Je le sais pour m'être fait souvent attraper par des demi-vérités ou des mensonges. Je considère pourtant que cette façon de communiquer est moins payante, à long terme.

Est-ce que Brigitte aurait pu être efficace en appliquant mon code de la communication ? Nous ne le saurons jamais. Mais je suis persuadé d'une chose : si elle avait tenu compte des feux rouges et si elle avait appliqué les règles pour une conduite prudente, qui seront exposées au chapitre III, elle aurait mis toutes les chances de son côté. Avant de présenter ces règles, j'ai besoin de compléter le décor en parlant de la diversité des codes.

Les codes

Une anecdote. Un jour, deux touristes venus d'Angleterre circulaient en sens inverse sur une autoroute à deux voies entre Montréal et Québec. Nul ne sait comment ils ont pu faire 50 kilomètres sans accident. Lorsque, enfin, les policiers ont réussi à les intercepter, les touristes ont compris qu'en Amérique du Nord on utilise la section droite de l'autoroute. Ils savaient qu'on ne roule pas à gauche, mais ils circulaient à droite de la section gauche. Pendant tout le parcours, ils s'émerveillaient de la cordialité des Québécois qui leur faisaient des grands signes de la main après avoir réussi à changer de voie pour éviter l'accident.

Chaque pays, chaque classe sociale, chaque sous-groupe a son code sur la route de la communication. Le code personnel que chacun construit reflète l'influence de l'environnement dans lequel il apprend à communiquer : l'éducation reçue, les convenances sociales, les normes de politesse, les rituels observés. La conversation peut devenir difficile lorsque les compagnons de route viennent de milieux où la hiérarchie, le statut social, la famille, le degré de formation, le sexe, l'âge, le tutoiement ou certains mots suscitent des réactions différentes.

Au retour d'une mission diplomatique dans un pays dont il connaissait mal la culture, un de mes amis me disait : « Il m'a fallu plusieurs jours avant de comprendre que, dans ce pays, si ton interlocuteur arrive à 10 h 50 après avoir pris rendez-vous pour 10 h, il n'est pas en retard. »

Deviens la confidente de cette étudiante asiatique :

– Je ne sais plus quoi faire ; le professeur veut que je sois impolie avec lui.

1. Je ne comprends pas. Qu'est-ce qu'il t'a dit ?

– Il m'a dit de le regarder quand on se parle.

2. Et pour toi, c'est impoli de regarder un professeur ?

– Oui, je baisse les yeux pour qu'il comprenne que je le respecte.

3. Ah ! Je comprends. C'est très curieux parce que, ici, c'est le contraire. On considère que si l'on ne regarde pas la personne avec qui l'on parle, c'est un manque d'ouverture.

– J'ai appris cela et je commence à le faire avec toi, mais lui, c'est un professeur !

4. Oui, mais ici, un professeur n'est pas tellement différent d'une autre personne.

– Comme c'est étrange...

Il est assez facile de comprendre l'influence de la culture sur le code personnel de communication, mais, quand on y regarde de près, on s'aperçoit qu'à l'intérieur d'une même culture il existe encore plusieurs codes. Notre code reflète souvent l'influence d'un milieu riche ou pauvre, de la ville ou de la campagne, d'une famille unie ou éclatée ; il n'est pas le même si l'on est sans emploi ou engagé dans un plan de carrière, instruit ou non, marié ou célibataire, en situation d'urgence ou en balade touristique. Des événements particuliers sont parfois déterminants: «On ne parle pas de corde dans la maison d'un pendu.» Tout cela joue sur la communication. De fait, bien des accrochages ou des sorties de route pourraient être évités si l'on tenait compte de cette diversité des codes. C'est pourquoi il est important de savoir bien décoder les gens avec qui l'on communique.

CHAPITRE II

LA CIRCULATION

Nous avons une route et deux voitures imaginaires. Les conducteurs, qui sont munis de téléphones cellulaires, disposent d'un accélérateur pour donner leur point de vue et d'un frein pour passer en mode récepteur. Chacun a aussi un radar émotionnel qui lui permet de transformer la voiture de son interlocuteur en feux de signalisation. Enfin, ils prennent en considération le code personnel et culturel qui influe sur la conduite de chacun. Parlons maintenant de la circulation.

La sécurité sur la route, même si l'on a une conduite exceptionnelle, dépend souvent des autres. Tu sais comme moi qu'on est souvent à la merci d'un chauffard. On se fera klaxonner par les fous de la route ; on se trouvera côte à côte avec une voiture qui tente de doubler dans des zones interdites ; on se fera peut-être agresser par un conducteur victime de la rage au volant, et ainsi de suite. Je te présente ici les mouvements de base qui me permettent d'utiliser les règles qui suivront. Pour circuler sur la route de la communication, j'ai besoin de combiner trois opérations : avancer, surveiller les feux de signalisation et freiner.

Avancer

J'ai déjà décrit la façon d'avancer ; c'est aussi simple que d'appuyer sur un accélérateur. Mais, pour avancer sur la route de la communication, il ne suffit pas de parler. On a déjà vu, dans la conversation des voisins, comment Motus parle sans rien dire de lui. On avance lorsqu'on occupe la position d'émetteur. Dans les observations que j'ai accumulées pour construire mon *Petit code de la communication*, j'ai constaté qu'à peu près tout ce qui est dit lorsqu'on est émetteur peut se classer dans 12 catégories. Lorsqu'on conduit une vraie voiture, il y a bien des façons d'appuyer sur l'accélérateur : tu peux y aller rondement, appuyer progressivement, peser très lentement pour éviter de t'enliser, peser à fond pour dépasser, varier la vitesse, et ainsi de suite. Sur la route de la communication, je peux varier ma façon d'être émetteur et trouver celle qui convient à chaque situation. Le fait de connaître plusieurs manœuvres est particulièrement utile dans les tournants difficiles ou lorsque la route est mauvaise. Souvent, c'est en jouant sur l'accélérateur que je peux me sortir d'une passe difficile. Je te présente donc une liste de 12 procédés qui me permettent d'être émetteur lorsque je veux avancer sur la route de la communication. J'en illustre quelques-uns avant de les expliquer.

Deviens Claudia, la patronne de Germain. Elle est directrice d'un service dans une entreprise. Un de ses employés, Germain, a la mauvaise habitude de faire appel directement au personnel d'un autre service pour effectuer certaines tâches. Cela est permis, mais, chaque fois, l'employé doit remplir un formulaire qui indique le temps requis pour le travail demandé. Ce formulaire doit être soumis pour approbation au patron de l'employé à qui l'on demande de l'aide. Germain ne respecte pas cette règle de fonctionnement. On l'a souvent averti de cesser cette pratique. Dans ton rôle de Claudia, tu l'as convoqué pour traiter de cette question. Après chaque intervention numérotée, j'indique par la lettre É ou par la lettre R si tu occupes la position d'émetteur ou la position de récepteur. Les mots qui suivent les lettres É et R désignent les procédés, qui seront expliqués plus loin.

Dans le dialogue qui suit, j'en profite pour te donner un exemple d'une bonne utilisation de mon code de la communication. Dans le rôle de Claudia, tu seras appelé à varier les positions de récepteur et d'émetteur, à tenir compte des feux rouges, et tu appliqueras avant même de les connaître d'autres règles pour une conduite prudente. Je les expliquerai dans le chapitre III. Tu peux aussi t'exercer à utiliser ton radar émotionnel en te demandant si les réactions de Germain te paraissent vertes, jaunes ou rouges. J'indiquerai les couleurs que je vois par rapport à mes attentes à moi quand je joue le rôle de Claudia; mais rappelle-toi que les tiennes peuvent être différentes. Dans l'ensemble de cette conversation, si tu trouves que Claudia communique mal, nous devrons probablement nous quitter ici; ce sera un signe que mon *Petit code de la communication* ne te convient pas. Si certaines parties du dialogue t'intéressent, nous pourrons continuer et peut-être trouver des façons d'adapter nos codes.

1. (É-Préparation) Bonjour, Germain, assieds-toi. (R-Question générale) Comment vas-tu?

– Je vais bien. *(Vert.)*

2. (É-Préparation) J'ai demandé à te voir pour parler de ta façon de procéder lorsque tu travailles avec un autre service.

– Hum, hum. *(Jaune.)*

3. (R-Question générale) Tu sais peut-être pourquoi je veux en parler?

– [Avec un sourire:] Peut-être. *(Jaune.)*

4. (É-Demande) Germain, je t'ai déjà demandé plusieurs fois de respecter la procédure administrative. (É-Renseignement) On m'a dit que tu as encore fait appel à Jacques sans passer par son patron.

– C'est idiot ! Ce que j'avais à lui demander exigeait tout au plus une heure de travail ; il en aurait fallu presque autant pour remplir toute la paperasse ! *(Rouge.)*

5. (R-Accentuation) Tu trouves ça idiot ! (É-Énoncé) Moi, je considère que c'est une question de saine gestion. Le temps que Jacques consacre à ton projet doit être facturé à notre service et son patron a besoin du formulaire pour gérer son budget.

– Parlons-en, de saine gestion... Il y a plus d'un mois, j'ai demandé des statistiques à ce service pour un dossier dont je m'occupe et je n'ai encore rien reçu. *(Rouge.)*

6. (R-Question générale) Germain, as-tu entendu ce que je viens de te dire ?

– Oui, tu veux que je perde mon temps à remplir de la paperasse. *(Jaune.)*

7. (É-*Feed-back*) Ça, c'est ce que tu veux bien entendre. (É-Énoncé) Ce que j'ai dit, c'est que nous avons besoin des formulaires pour gérer nos budgets.

– Ouais, ouais, j'ai compris. Mais je considère quand même que c'est du temps perdu. De toute façon, ils n'ont rien à faire, dans ce service. Quand je suis allé à son bureau, Jacques était en train de lire son journal. *(Rouge.)*

8. (R-Reformulation) Tu considères que c'est du temps perdu...

– Je suis certain que si l'on comptait tout le temps que l'on prend pour la paperasse inutile, on verrait que cela coûte cher de se démener ainsi pour savoir qui paye quoi. *(Rouge.)*

9. (R-Écoute) Bon... (É-*Feed-back*) [Avec humour :] Je constate que si tu étais gestionnaire, tu pourrais faire de grandes réformes, mais

pour l'instant ce n'est pas le cas. (É-Demande) Écoute, je n'ai pas l'intention de discuter de notre façon de gérer et je ne te demande même pas de l'approuver, mais j'ai besoin que tu respectes les procédures pour maintenir de bonnes relations avec ce service.

– Bon, d'accord. *(Vert.)* [Avec un sourire malicieux :] La prochaine fois, j'essaierai de ne pas me faire prendre. *(Rouge.)*

10. (R-Vérification) Dois-je comprendre que tu as l'intention de continuer à être délinquant ?

– Non, non, c'était une blague. *(Jaune.)*

11. (É-Préparation) Germain, j'ai un conseil à te donner. (É-Interprétation) Actuellement, tu te sens très sûr de toi et nous avons appris à bien fonctionner ensemble ; (É-Énoncé) mais j'ai atteint les limites de ce que je peux tolérer. (É-Conseil) Je te conseille d'être prudent si tu veux protéger ton avenir dans l'entreprise.

– Bon, ça va, j'ai compris. Cela ne se reproduira pas, je te le promets. *(Vert.)*

Dans ce dialogue, Claudia utilise 7 des 12 procédés que je propose pour avancer sur la route de la communication. Avant de les expliquer, quelques remarques. Ma liste est une liste parmi d'autres ; il existe beaucoup de mots pour nommer les façons de communiquer. Ceux que j'ai retenus sont simples à comprendre et suffisent pour varier la façon d'avancer lorsqu'on veut une bonne communication. Aucun procédé n'est meilleur ou moins bon qu'un autre. Je considère la liste comme une boîte à outils. On choisit un marteau pour planter un clou ou un tournevis pour enfoncer une vis. Au cours d'une conversation, j'utilise une demande, une évaluation, un conseil ou tout autre procédé selon l'effet que je veux produire. C'est la couleur que prend la voiture de l'interlocuteur qui me dit si j'ai choisi un bon procédé. Si la réaction ne répond pas à mes attentes, j'en prends un autre : il y a un tournevis pour têtes carrées et un autre pour têtes étoilées. L'intérêt du répertoire est qu'il me permet de varier ma façon d'avancer pour tenir compte de toutes les situations qui se présentent. C'est souvent en essayant différentes choses que je réussis à bien communiquer. Voici donc quelques façons d'avancer sur la route de la communication. La liste comprend le nom que je donne à chaque procédé, suivi d'une description et d'une illustration.

Douze procédés pour avancer

É-CONSEIL : je dis à l'interlocuteur ce qu'il pourrait faire pour résoudre un problème ou pour agir de façon efficace dans une situation donnée.

– On s'est encore chicanés, mon mari et moi. Cette fois, il a été violent. Il ne m'a pas frappée, mais j'ai peur.

1. (É-Conseil) Tu devrais agir avant qu'il te frappe.

– Oui je sais, mais je ne sais pas quoi faire.

2. (É-Conseil) As-tu pensé à consulter ?

– Non. De toute façon, c'est fini entre nous. Il est trop tard pour consulter.

3. (É-Conseil) Dans ce cas, je te conseille de voir un avocat le plus tôt possible.

É-DEMANDE : je demande ou commande à l'interlocuteur de faire quelque chose ou de s'abstenir de quelque chose.

1. (É-Demande) Sylvain, c'est mardi, il faut sortir les poubelles.

– Je le ferai demain matin, le camion ne passe pas avant 9 h.

2. (É-Demande) Non. C'est tout de suite. Au cas où il passerait plus tôt.

É-ÉNONCÉ : je donne mon point de vue en affirmant ce que je pense, ce que je veux ou ce que je ressens, parfois sous forme d'argument.

– (É-Énoncé) Pourquoi se compliquer la vie avec un code de la communication ? Communiquer, cela s'apprend naturellement.

1. (É-Énoncé) On apprend aussi à se faire mal, à s'engueuler et à bousiller des relations sans savoir pourquoi.

– (É-Énoncé) Moi, si quelqu'un m'emmerde, je lui dis ma façon de penser.

2. (É-Énoncé) Il m'arrive de faire ça, mais parfois je le regrette. Le prix est trop élevé. Je n'exclus pas de tout foutre en l'air quand ça me chante, mais je pense que, parfois, il y a mieux à faire.

É-ÉVALUATION : j'évalue une situation, un événement en disant comment je l'explique ou en disant si ça me paraît correct ou non.

1. J'ai lu ton texte. (É-Évaluation) Il y a des choses intéressantes, mais je n'aime pas la familiarité de ton style. Quand tu t'adresses au lecteur en le tutoyant, cela fait moralisateur et paternaliste.

– (É-Évaluation) Ah bon ! Cela m'étonne, car je considère mon lecteur comme un allié pouvant m'aider à perfectionner mon code de la communication.

É-*FEED-BACK* : je réagis personnellement au comportement de mon interlocuteur.

1. (É-*Feed-back*) Lucie, je n'aime pas ta façon de conduire.

– Qu'est-ce qu'il y a ?

2. (É-*Feed-back*) Tu serres de trop près. Si l'autre arrête brusquement, tu n'auras pas le temps de freiner.

É-INTERPRÉTATION : je dis à l'interlocuteur quel sens je donne à ce qu'il dit ; cela englobe ce qui se passe au cours de la conversation elle-même.

– Hier, c'est mon mari qui préparait le repas. Il m'a fait un long discours pour me démontrer que les mets préparés sont plus sécuritaires que les aliments qu'on trouve au marché.

1. (É-Interprétation) Mon mari non plus n'aime pas faire la cuisine.

– Pourquoi dis-tu cela ?

2. (É-Interprétation) Je pense que c'est une belle rationalisation. Il serait plus honnête s'il te disait que c'est plus simple pour lui d'utiliser des mets préparés.

– Non, pas du tout. Il est chimiste et connaît ce dont il parle.

3. Ça, c'est bien toi ! Chaque fois que je laisse entendre que Jocelyn n'est pas le parfait mari, (É-Interprétation) tu te mets sur la défensive.

É-PRÉPARATION : je dis à l'autre ce que j'attends de la rencontre ou comment je souhaite fonctionner, ou je dévoile mes intentions en cours de route.

1. (É-Préparation) Bonjour, patron. J'ai demandé à vous voir pour vous présenter un projet qui nous fera économiser des milliers de dollars.

– Je t'écoute.

2. (É-Préparation) Je prévois déjà que vous aurez des objections ; je vous dirai pourquoi. Aujourd'hui, je vous ai demandé quinze minutes pour vous exposer le projet dans ses grandes lignes. Vous pourriez y penser et si vous trouvez qu'il présente suffisamment d'avantages, je vous reverrai pour préciser les modalités et répondre à vos objections.

É-PROPOSITION : je fais une proposition concernant une situation ou une action à entreprendre.

– (É-Proposition) Cette année, nous pourrions prendre ensemble nos deux semaines de vacances.

1. D'accord. Nous pourrons nous faire remplacer pour tenir le magasin ouvert. (É-Proposition) Je propose que nous allions à la mer ; ça fait si longtemps qu'on en parle !

É-RÉFÉRENCE : je donne à l'interlocuteur des noms de personnes ou des endroits où il pourrait trouver des informations.

– Je me suis coincé une jambe en travaillant sur le terrain ; ce matin, j'ai du mal à marcher.

1. Tu pourrais voir un chiro.

– En connais-tu un ?

2. Oui. Un instant. (É-Référence) Voici son adresse et son numéro de téléphone.

É-RENSEIGNEMENT : je communique à l'interlocuteur des faits : ce que j'ai vu ou entendu dans une situation ou ce que j'ai lu sur une question dont nous parlons.

– [Au téléphone.] Service de la livraison, que puis-je faire pour vous ?

1. Bonjour. J'appelle au sujet de la livraison de mes meubles. (É-Renseignement) Sur ma facture, c'est bien écrit qu'ils seront livrés le 5 mars. C'est aujourd'hui le 5 mars ; il est près de 17 h et je n'ai rien reçu. C'est la facture numéro 4679.

É-SOUTIEN : je réconforte mon interlocuteur, je l'encourage ou j'essaie de le rassurer.

– Je n'y arriverai jamais ; c'est la cinquième entrevue que je passe et on m'a encore refusé.

I. (É-Soutien) Ne te décourage pas. Rappelle-toi ce que le conseiller t'a dit. Dans ton domaine, il faut prévoir en moyenne 10 demandes avant de se trouver un emploi.

É-SUITE : je parle de quelque chose à faire après la rencontre.

– Bon ; je vois que nous sommes d'accord sur le principe. Qu'est-ce qu'on fait maintenant ?

I. Maintenant, je pense qu'il nous faut des informations. Je propose que nous nous partagions la tâche : (É-Suite) tu pourrais faire appel à tes relations au syndicat pour sonder la réaction de ce dernier ; de mon côté, je vais préparer l'appel d'offres.

Voilà pour la liste des procédés que j'ai retenus pour mon *Petit code de la communication*. Je répète qu'elle n'est pas exhaustive. Je suis persuadé que, si tu t'en donnais la peine, tu pourrais te rappeler des phrases que tu dis souvent dans tes conversations et tu pourrais, toi aussi, créer tes propres catégories. Pour avancer sur la route de la communication, je considère que le plus important est la variété des procédés. Il n'y en a aucun qui soit efficace à tout coup. J'en essaie un, je vois ce que ça donne et, s'il ne produit pas l'effet voulu, je change de procédé plutôt que de réutiliser toujours le même. Pour ça, je dois surveiller ce qui se passe.

Surveiller les feux de signalisation

Tu es dans ta voiture et tu sais comment avancer. Je vais maintenant t'expliquer comment j'utilise les feux de signalisation pour rester en contact avec la personne avec qui je voyage. Ces feux de signalisation ne sont pas évidents ; je les vois seulement si j'active mon radar émotionnel en me posant la question : « Est-ce que j'aime l'effet que je produis chez mon interlocuteur lorsque je lui parle ? » Vert, ça me plaît ; jaune, c'est couci-couça ; rouge, je n'aime pas ça. Lorsque je colore régulièrement la voiture de mon interlocuteur, je deviens de plus en plus conscient de ce que j'attends de lui. Cela me donne une plus grande marge de manœuvre. J'avance sur un feu vert ou jaune, mais gare à l'accident si je brûle un feu rouge ! Quand c'est rouge, j'essaie autre chose. Je peux aussi me demander ce que l'autre pourrait dire ou faire pour que ça devienne vert. Cela m'aide à trouver les procédés qui produiront l'effet que je souhaite.

Deviens Justin. Dans le dialogue qui suit, tu cherches à convaincre ta conjointe, Carmen, de consulter un médecin au sujet de douleurs fréquentes qu'elle ressent à l'abdomen. Pour chacune des phrases que tu dis, dans le rôle de Justin, je suppose que tu ne seras pas satisfait des réponses obtenues. Ce sera un feu rouge chaque fois. Si tu as le goût de travailler un peu, fais l'exercice suivant : dans la colonne de droite, écris une phrase que tu aurais aimé entendre après chacune de tes paroles, une phrase qui serait un feu vert ou jaune. Écris à gauche ta visée. J'ai fait l'exercice pour la première phrase en jouant le rôle de Justin. Je t'invite à le compléter.

1. [Carmen vient de faire une grimace en se tenant le ventre.] Chérie, tu as encore tes douleurs au ventre ?

Visée	**Réplique obtenue**	**Exemples de répliques souhaitées**
Je voulais qu'elle reconnaisse que ça peut être sérieux.	– Ce n'est pas grave, ça va passer. *(Rouge.)*	*J'aurais aimé entendre :* – *Oui, ça fait plusieurs fois aujourd'hui.* (Jaune.) – *Oui, il serait peut-être temps de consulter.* (Vert.)

2. Tu dis toujours que ce n'est pas grave, mais j'ai l'impression que c'est plus fréquent depuis deux ou trois jours.

Je voulais qu'elle... Reconnaisse qu'elle ne dit pas tout	– Ben non, tu t'en fais toujours pour rien. *(Rouge.)*	*J'aurais aimé entendre :* oui, je ne suis pas Raisonnable (vert)

3. Je m'en fais peut-être pour rien, mais ça m'inquiète.

Je voulais qu'elle... lui dire ce que je ressens	– Arrête de t'inquiéter, je ne suis pas une enfant ; je peux m'occuper de moi. *(Rouge.)*	*J'aurais aimé entendre :* Ne t'inquiètes pas, je vais prendre RDV au médecin

4. Je veux que tu consultes un médecin.

Je voulais qu'elle... prenne RDV.	– Ah non ! Ça prend toujours des semaines avant d'avoir un rendez-vous et ils te font sentir que tu les déranges pour rien quand tu n'as rien de sérieux. *(Rouge.)*	*J'aurais aimé entendre :* C'est vrai ce serait mieux

5. Viens, on va aller à l'urgence, ils vont te voir aujourd'hui.

Je voulais qu'elle... consulte	– [Avec impatience :] Fous-moi la paix. Il n'en est pas question. *(Rouge.)*	*J'aurais aimé entendre :* oui on y va

Peut-être que si tu avais pu vraiment parler à la place de Justin, tu aurais fait mieux que lui. Les règles de conduite et les astuces que je présenterai dans les autres chapitres t'indiqueront comment j'aurais procédé. Pour l'instant, il s'agit seulement d'apprendre à circuler sur la route de la communication. Que tu aies fait ou non l'exercice, je rappelle la clé de mon *Petit code de la communication*: je ne peux rien dire, lorsque je parle à quelqu'un, sans avoir derrière la tête une visée. J'attends toujours quelque chose. Il est toujours possible de compléter la phrase suivante: « Je veux qu'il ou qu'elle... » Je ne dis pas que c'est facile. Souvent, nos visées sont plus ou moins claires: on ne sait pas trop ce qu'on attend. Cependant, cela ne veut jamais dire que l'on n'attend rien. Parfois, c'est plus facile de nommer sa visée si l'on se demande, comme dans l'exercice: « Qu'est-ce que l'autre pourrait dire ou faire, cesser de dire ou de faire pour que je sois satisfait? » Si je suis capable de dire ce que j'aimerais entendre à la suite d'une parole, je peux prendre conscience de ma visée. Mais, là encore, ce n'est pas toujours facile ni même nécessaire. En étant attentif à ce que je ressens, je peux donner une couleur à chaque réaction de mon interlocuteur, même lorsque je ne sais pas très bien ce que j'attends. Souvent, je ne sais pas ce que je veux, mais je sais que ce que j'ai devant moi n'est pas ce que je veux. Cela me suffit pour m'ajuster.

Si l'exercice précédent t'a semblé difficile, c'est peut-être parce que tu étais un acteur. Tu devais imaginer les visées d'un personnage que tu n'as pas créé. Un meilleur exercice serait de te rappeler un dialogue que tu as vécu récemment et dans lequel tu n'étais pas satisfait des réactions de ton interlocuteur. Demande-toi ce que tu aurais aimé entendre, imagine une phrase ou un geste que tu aurais coloré en vert.

Pour bien circuler sur la route de la communication sans trop se compliquer la vie, le petit test des feux de signalisation est suffisant. Sans réfléchir longuement, je peux instantanément savoir si ma communication est efficace en me demandant si ce que dit mon interlocuteur est vert, jaune ou rouge. Mon radar émotionnel agit même lorsque je n'arrive pas à nommer ma visée.

Nous arrivons à une question importante : qu'est-ce qu'une communication efficace ? Certains diront que c'est une communication dans laquelle on se fait bien comprendre ; d'autres, que c'est une communication dans laquelle on réussit à influencer l'interlocuteur ; d'autres, que c'est une communication claire, directe, franche, respectueuse, simple, et ainsi de suite. Je te propose une définition qui, pour moi, convient à toutes les situations : une communication efficace, c'est une communication dans laquelle on produit l'effet que l'on veut produire. Si j'utilise les feux de signalisation, c'est une communication dans laquelle je colore en vert ce que l'autre me répond. C'est mon test d'efficacité. Cela ne veut pas dire que j'aurai toujours la réponse souhaitée après chaque parole. Dans des situations difficiles, c'est presque impossible. On ne peut pas toujours prévoir ce que l'autre va répondre ; de toute façon, rien ne l'oblige à nous satisfaire. Si l'on veut être efficace, il faut souvent travailler fort et longtemps avant d'obtenir ce qu'on souhaite. Il faut aussi parfois cesser de rêver en couleurs et modifier ses attentes, lorsqu'il devient évident qu'elles ne sont pas réalistes.

Le test que je propose ne vise pas l'élimination du rouge ; il donne le moyen de constater que certaines paroles ne sont pas efficaces et d'en chercher d'autres qui produiront l'effet souhaité. La route de la communication est pleine d'imprévus : les feux rouges surgissent à tout moment et il est difficile de s'arrêter à temps. L'objectif du test d'efficacité est qu'on en vienne à reconnaître rapidement qu'on est en danger quand les feux rouges s'accumulent. Cela permet d'améliorer sa communication et de devenir efficace. J'ai déjà annoncé cinq règles pour une conduite prudente et satisfaisante. Mais, pour les appliquer, il faut apprendre à colorer spontanément les réactions de son interlocuteur.

Sans en faire une obsession, on peut secrètement s'exercer en colorant les réactions d'un interlocuteur dans la vie courante. Avec le temps, le jeu devient plus facile et il aide à mieux communiquer.

Avant de passer au sujet suivant, faisons le point. Sur cette route bizarre de la communication, on peut avancer de bien des façons en accélérant chaque fois que le feu est vert ou jaune. Mais il est nécessaire de surveiller les feux rouges qui peuvent apparaître à tout moment. Lorsqu'on est au feu rouge, on arrête, sinon on risque l'accident. Voyons comment on arrête.

Freiner

Sur la route de la communication, tu te souviens qu'on utilise l'accélérateur lorsqu'on est émetteur. Le frein consiste à devenir récepteur. Je suppose que tu n'as pas attendu de lire mon *Petit code de la communication* pour reconnaître l'importance d'écouter. Il est certain que de savoir se taire au bon moment facilite la circulation, mais je te propose d'autres façons d'écouter tout en parlant. C'est ce que certains appellent l'écoute active. Dans l'exemple des voisins qui se penchent sur les fleurs piétinées par des enfants, tu as constaté que Motus a parlé sans jamais être émetteur. Même s'il a été trop récepteur à mon goût, il a illustré la plupart des façons de freiner lorsqu'on veut circuler sans accident sur la route de la communication. Voici la liste que je propose. Elle donne le nom de chaque procédé, suivi d'une description et d'une illustration.

Douze procédés pour freiner

R-ACCENTUATION : je choisis, dans ce que l'interlocuteur vient tout juste de dire, une phrase clé ou un mot clé et je le répète sans rien ajouter, sur un ton qui l'incite à en dire plus.

– Enfin, j'ai eu mon augmentation ! Je paye mes dettes, je fais réparer le toit et ensuite je réalise mon projet.

1. (R-Accentuation) Ton projet...

R-ANTICIPATION : j'invite l'interlocuteur à décrire en détail et de façon très concrète une action future.

1. Tu me dis que vous ne vous êtes pas parlé depuis quinze ans et que, là, tu veux rétablir la communication.

– Oui. J'ai demandé une rencontre, mais j'ai la trouille.

2. Si cela peut t'aider, (R-Anticipation) essaie d'imaginer très concrètement dans ta tête ce que tu vas dire et comment il va réagir...

R-AUTOCRITIQUE : j'invite l'interlocuteur à s'évaluer lui-même par rapport à une situation ou à un événement.

– On me dit que je m'investis trop dans mon travail.

1. (R-Autocritique) Toi, qu'est-ce que tu en penses ?

– Je ne sais pas...

2. (R-Autocritique) Une façon de le savoir serait peut-être de considérer les inconvénients et les avantages...

R-ÉCOUTE : je manifeste non verbalement une attitude d'écoute, soit par un silence attentif, soit par des sons (hum, hum, O.K., oui) qui traduisent mon intérêt pour ce que l'autre dit.

– Monsieur, vous êtes bien silencieux.

1. (R-Écoute) Hum, hum.

– Vous avez la réputation d'être taciturne.

2. (R-Écoute) [Silence.]

– J'ai parié avec ma copine que, pendant notre voyage, j'obtiendrais au moins quatre mots de vous.

3. Vous avez perdu.

R-QUESTION GÉNÉRALE : j'invite l'interlocuteur à donner son point de vue, à parler de lui, à dire ce qu'il ressent ou ce qu'il pense d'un événement ou d'une situation.

1. (R-Question générale) Que penses-tu de mon texte ?

– C'est pas mal.

2. (R-Question générale) Peux-tu m'en dire un peu plus ?

– Il n'y a rien qui choque.

3. (R-Question générale) C'est tout ce que tu as à dire ?

R-QUESTION SUR LES FAITS : j'interroge mon interlocuteur sur des faits concrets ou des événements reliés à ce dont nous parlons.

1. Vous me dites que votre patron est violent envers ses employés... (R-Question sur les faits) Pouvez-vous m'expliquer comment cela se passe concrètement ?

– Oui. Par exemple, le matin, il ne dit jamais bonjour...

2. ! ! !

R-QUESTION SUR LES INTENTIONS : j'invite l'interlocuteur à dire ce qu'il veut ou ce qu'il souhaite dans une situation précise ou ce qu'il attend de moi dans la conversation que nous avons.

1. Bonjour, Karine, tu avais l'air pressée de me parler. (R-Question sur les intentions) Qu'est-ce que je peux faire pour toi ?

– J'aimerais avoir ton avis. Mon fils de seize ans veut aller vivre en appartement. Que penses-tu de ça ?

2. Je ne sais pas... (R-Question sur les intentions) Est-ce que ta décision est prise ?

– Pas encore, j'hésite.

3. (R-Question sur les intentions) Quel est ton mouvement spontané ?

R-RATIFICATION : je demande à l'interlocuteur s'il est d'accord avec moi ou s'il accepte une proposition.

1. Voilà, je t'ai dit l'essentiel de ma proposition. (R-Ratification) Je veux maintenant savoir si tu es d'accord pour y donner suite.

R-REFLET DE L'EXPÉRIENCE : je dis ce que je comprends de ce que vit mon interlocuteur.

– [En pleurant :] La vie est dure depuis que mon Georges est décédé. La maison me paraît bien vide.

1. (R-Reflet de l'expérience) Vous vous sentez bien seule...

– Oui. Je ne sais pas si je vais pouvoir demeurer ici.

2. (R-Reflet de l'expérience) La maison vous semble trop grande pour vous toute seule...

R-REFORMULATION : j'exprime en d'autres mots ce que l'interlocuteur a dit précédemment.

1. [Au téléphone.] Il y a un chevreuil mort sur la route. J'ai déjà téléphoné, hier, mais on n'a rien fait.

– Oui, je me souviens. J'ai vérifié et, dans votre région, c'est la municipalité qui s'occupe de ces questions.

2. (R-Reformulation) Autrement dit, vous me dites que vous ne ferez rien.

R-RÉPÉTITION : j'invite mon interlocuteur à répéter quelque chose.

– Tu pensais que Gertrude et Michel, c'était le parfait bonheur. Détrompe-toi. Ils ont commencé à fréquenter des clubs échangistes. Ils ont essayé la drogue et là, chacun sort de son côté. Ils ont décidé de se séparer.

1. (R-Répétition) Quoi ? Qu'est-ce que tu racontes ?

– Ils se séparent.

2. Oui, j'ai compris, mais ce que tu disais avant; (R-Répétition) redis-moi ça lentement.

R-VÉRIFICATION : je vérifie si j'ai bien compris mon interlocuteur.

– Je viens d'apprendre que je suis enceinte. C'était vraiment pas prévu. Heureusement, aujourd'hui, ce n'est plus comme avant.

1. (R-Vérification) Dois-je comprendre que tu veux te faire avorter ?

Voilà plusieurs façons de freiner. J'ai déjà mentionné qu'on peut trouver toutes sortes de choses dans un coffre à outils. Je t'ai présenté celui que je traîne toujours avec moi sur la route de la communication. Cela me suffit pour faire face à la plupart des situations qui se présentent à moi. Si tu t'en donnes la peine, tu constateras probablement que, toi aussi, tu as mis au point différentes façons de freiner. Si celles que je propose sont compatibles avec ton code de la route, libre à toi de les ajouter à ton répertoire.

✡

✡ ✡

Cela complète les manœuvres de base pour circuler sur la route de la communication : avancer lorsque le feu est vert ou jaune ; surveiller l'autre voiture pour vérifier si la voie est libre ou si un obstacle surgit subitement ; freiner pour laisser à l'autre le temps de suivre ou pour éviter les sorties de route. Le chapitre qui suit propose cinq règles pour une conduite prudente.

CHAPITRE III

CINQ RÈGLES POUR UNE CONDUITE PRUDENTE

Une route choisie par la personne qui prend contact, deux voitures reliées par cellulaires, l'utilisation de l'accélérateur pour s'exprimer et du frein pour laisser l'autre s'exprimer, des feux de signalisation pour éviter qu'on se frappe, une diversité de codes personnels et culturels, voilà le décor pour mettre en scène mon *Petit code de la communication*. Quelques mouvements de base pour circuler convenablement : avancer en variant les procédés d'émetteur ; surveiller les feux de signalisation en vérifiant si l'on obtient ce qu'on souhaite ; freiner fréquemment pour savoir ce qui se passe dans l'autre voiture. Tout est en place pour introduire les règles d'une conduite prudente.

L'idée est d'éviter les sorties de route et les accidents. Une sortie de route se produit lorsqu'une des deux voitures tombe en panne : on est alors forcés de s'arrêter. Que ce soit ma voiture ou celle de l'autre qui est en cause, nous sommes retardés ; nous devons nous attendre et parfois travailler dur pour nous remettre en état de continuer. Malgré le retard, nous pouvons habituellement repartir. L'accident, c'est plus sérieux ; il peut nous empêcher de poursuivre ensemble. Le voyage s'arrête là. L'accident est parfois mortel, si la conséquence est une rupture définitive de la relation. Les cinq règles que je me suis données servent à éviter les sorties de route et les accidents.

Règle 1 : arrêter au feu rouge

Sur cette route bizarre de la communication, chacun a un pouvoir extraordinaire : il peut, à volonté, faire de la voiture de son interlocuteur un gros feu de signalisation. Il suffit d'utiliser son radar émotionnel, de se demander si l'on aime ou non la réaction à ce qu'on dit. Quand c'est vert, on circule librement. Quand c'est jaune – un petit agacement à la suite d'une phrase ou d'un geste de l'interlocuteur –, on devient plus attentif. Quand c'est rouge, il faut freiner.

Tout cela semble évident. Pourtant, la plupart des gens brûlent régulièrement les feux rouges sur la route de la communication. Souvent, ils ne les voient même pas. Sur les vraies routes, on ne donne pas de permis de conduire aux aveugles. Sur la route de la communication, il n'y a aucune restriction, et les accidents y sont nombreux. On ne s'en étonne pas lorsqu'on sait que les feux de signalisation fonctionnent uniquement si le conducteur les active. Si je parviens à utiliser mon radar émotionnel pendant que je communique, j'ai alors la possibilité d'appliquer ma première règle d'une conduite prudente. J'arrête au feu rouge. Peu importe comment, mais j'arrête.

Je peux toujours cesser de parler, c'est ce qu'il y a de plus simple. Une pause de quelques secondes suffit souvent pour bloquer une première réaction qui produirait une sortie de route. On dit bien qu'« il faut tourner sept fois sa langue dans sa bouche avant de parler ». En plus, j'ai à ma disposition au moins une douzaine de façons d'appuyer sur le frein. J'ai déjà illustré, au chapitre précédent, comment on peut continuer à parler en devenant racoleur. Tu me suis ?

Stop. Je viens de freiner en supposant que tu virais au rouge en lisant le mot «racoleur» au lieu du mot «récepteur», que tu aurais dû lire. Excuse-moi, mais j'ai fait exprès pour placer un mot qui n'avait pas de sens. Dans ma communication imaginaire avec toi, je te voyais froncer le sourcil ou cesser de lire en te disant: qu'est-ce que c'est ça? J'ai triché, parce que, si tu as vraiment réagi comme je le souhaitais, ce n'était pas rouge mais vert: c'est ce que j'attendais! Tu me suis, cette fois? Mais supposons qu'on se parle face à face et que je viens de faire un lapsus: la langue m'a fourché. J'ai employé un mauvais mot sans le vouloir et sans le savoir. En ayant toujours un œil sur ta voiture, je peux constater que quelque chose ne va pas. Si je freine et te demande de t'exprimer, je découvrirai ce qui cloche. Imaginons que j'essaie de t'expliquer mon code de la communication en face à face:

1. (J'accélère, É-Énoncé) Il y a plusieurs façons de freiner quand tu rencontres un feu rouge.

– Oui, j'ai compris; on peut simplement cesser de parler pour se donner le temps de réfléchir. *(Vert; ma visée était d'obtenir un signe de compréhension.)*

2. (J'accélère, É-Énoncé) Oui, c'est une façon, mais on peut aussi continuer à parler en devenant racoleur.

– Je ne comprends pas. *(Rouge; ma visée était d'obtenir un signe de compréhension.)*

3. (Je freine, R-Question générale) Tu ne comprends pas?

– Non. Pourquoi parles-tu de racoleur? *(Vert; ma visée était que tu me dises ce que tu ne comprends pas.)*

4. (J'accélère, É-Énoncé) Je n'ai pas parlé de racoleur. *(C'est à mon tour de ne pas comprendre, car je ne sais pas encore que j'ai fait un lapsus en parlant de «racoleur» au lieu de «récepteur».)*

– Oui, j'en suis certain, tu as dit : « On peut continuer à parler en devenant racoleur. » *(Vert ; je voulais que tu m'expliques ce que tu ne comprenais pas. J'aurais écrit « rouge » si j'avais eu comme visée que tu reconnaisses avoir mal compris ; le dialogue aurait alors pris une autre direction, comme tu le verras plus loin.)*

5. (Je freine, R-Reformulation) [En riant :] C'est vrai ? J'ai dit « racoleur » ? (J'accélère, É-Énoncé) C'est drôle, je ne vois pas d'où ça vient. Je voulais dire « récepteur ».

– C'est bien ce que je pensais... *(Vert ; ma visée était d'obtenir un signe de compréhension.)*

Tu sais comme moi, sans doute, qu'il faut peu de chose pour qu'une conversation devienne désagréable : malentendu, interprétation non vérifiée, distraction, parole ambiguë, geste d'impatience, remarque désobligeante, désaccord, etc. Ma première règle de la communication vise à éviter ce que j'appelle l'escalade. Je t'en donne un exemple avant de l'expliquer. Je reprends mon dialogue imaginaire avec toi au sujet du lapsus, mais cette fois je ne respecte pas mon code de la communication ; tu me diras si cela ressemble à des conversations que tu as déjà vécues.

1. (J'accélère, É-Énoncé) Il y a plusieurs façons de freiner quand tu rencontres un feu rouge.

– Oui, j'ai compris ; on peut simplement cesser de parler pour se donner le temps de réfléchir. *(Vert ; ma visée était d'obtenir un signe de compréhension.)*

2. (J'accélère, É-Énoncé) Oui, c'est une façon, mais on peut aussi continuer à parler en devenant racoleur.

– Je ne comprends pas. *(Rouge ; ma visée était d'obtenir un signe de compréhension.)*

3. (J'accélère, É-Énoncé) C'est pourtant facile à comprendre. Tu n'es pas obligé de te taire pour freiner. Je t'ai déjà présenté 12 façons d'inviter l'autre à s'exprimer.

– J'ai compris ça, mais pourquoi parles-tu de devenir racoleur? *(Rouge; ma visée était d'obtenir un signe de compréhension.)*

4. (J'accélère, É-Énoncé) Il n'y a pas de racoleur dans mon histoire. Il y a deux fonctions: émetteur et récepteur.

– Oui, j'en suis certain, tu as dit: «On peut continuer à parler en devenant racoleur.» *(Rouge; ma visée était que tu reconnaisses avoir mal compris.)*

5. (J'accélère, É-*Feed-back*) Non, tu as sûrement mal compris.

– Je ne suis pas sourd, tu as dit «racoleur»; c'est probablement un lapsus. *(Rouge; ma visée était que tu reconnaisses ton erreur.)*

6. (J'accélère, É-*Feed-back*) Tu dis n'importe quoi.

– J'en suis certain! Si l'on nous avait enregistrés, je suis certain que tu entendrais le mot racoleur sur la bande. *(Rouge; ma visée était que tu reconnaisses ton erreur.)*

7. (J'accélère, *É-Feed-back*) Et moi, je suis certain qu'on verrait que c'est toi qui as mal compris.

– Tu as vraiment la tête dure. Tu parles de freiner, mais tu ne m'écoutes pas. *(Rouge; ma visée était que tu reconnaisses ton erreur.)*

8. (J'accélère, É-*Feed-back*) C'est toi qui n'écoutes pas.

Je pense que ça suffit. Tu as déjà connu ce genre de discussion? J'appelle ça une escalade dès qu'il y a plus que trois feux rouges d'affilée. Ici, on est rendu à six. J'ai aussi observé qu'une fois en escalade il est très difficile de se rattraper. Au mieux, on se sépare au premier carrefour; l'interlocuteur quitte ma route et l'on se perd de vue. Malheureusement, on continue souvent à se parler, à s'engueuler; on se fait mal sans savoir pourquoi. Dans le prochain chapitre, je te donnerai d'autres astuces que j'utilise pour éviter l'escalade.

Ma première règle pour une conduite prudente est très exigeante. Tu trouveras peut-être que j'exagère en m'imposant de freiner à chaque feu rouge. Dans la vie courante, je peux en brûler quelques-uns sans trop de conséquence; mais, dans une situation difficile, j'ai constaté que plus je retarde, plus ça devient difficile. Que l'on freine rapidement ou que l'on brûle deux ou trois feux, le plus important est de voir le signal de danger. Avec l'entraînement, cela devient un réflexe naturel. On apprend à passer de l'accélérateur au frein sans trop de secousses. Je te propose un autre dialogue dans lequel je t'invite à jouer avec moi le rôle de Marc, un jeune père de famille qui apprend à sa conjointe, Nathalie, qu'il va quitter son emploi. La scène est pénible, mais, en jouant de l'accélérateur et du frein, j'éviterai l'escalade et la sortie de route. Mon objectif, dans le rôle de Marc, est que Nathalie accepte une situation qui suscite chez elle un fort sentiment d'insécurité. Cette fois, j'applique rigoureusement la première règle: arrêter au feu rouge.

1. (J'accélère, É-Énoncé) Nathalie, j'ai pris une décision. Je vais donner ma démission au magasin...

– [Dans un cri spontané:] NON! Ne fais pas ça! *(Rouge; ma visée étant qu'elle me laisse continuer.)*

2. (Je freine, R-Écoute) [Je regarde Nathalie en silence.]

– Tu viens tout juste d'être nommé gérant et on a besoin de nos deux salaires. *(Vert ou jaune; ma visée étant qu'elle dise ce qui l'inquiète.)*

3. (J'accélère, É-Énoncé) Je vais me trouver autre chose. Je ne suis pas fait pour gérer un magasin.

– Tu fais très bien cela. Si tu quittes maintenant, tu vas te faire une mauvaise réputation. *(Rouge; ma visée étant qu'elle me laisse lui expliquer mes raisons.)*

4. (Je freine, R-Accentuation) Une mauvaise réputation...

– Tu viens d'être nommé et si tu demandes un nouvel emploi, les gens vont prendre des références. On dira que tu n'es pas fiable. *(Jaune ou vert ; ma visée étant qu'elle en dise plus.)*

5. (J'accélère, É-*Feed-back*) Je pense que tu n'as pas compris...

– Qu'est-ce que je n'ai pas compris ? *(Vert ; ma visée étant qu'elle accepte de m'écouter.)*

6. (J'accélère, É-Énoncé) Pour moi, les magasins, c'est fini. Fini ! Fini ! Fini ! Je n'ai pas l'intention de passer ma vie à faire des courbettes devant des gens qui ne sont jamais contents. Et si j'ai une mauvaise réputation et que personne ne veut plus m'engager, c'est parfait ! Salut ! Quand j'irai dans un magasin, ce sera comme client. Et si je ne suis pas content parce qu'ils n'ont plus la paire de souliers que j'ai vue la semaine dernière dans la vitrine, je vais les engueuler, et ce sera au gérant de dire qu'il est désolé et tout le baratin.

– Marc, arrête ça ! Tu es en colère parce que tu as eu une mauvaise journée, mais ne donne pas ta démission sur un coup de tête. *(Rouge ; ma visée étant qu'elle me soutienne.)*

7. (Je freine, R-Question générale) Tu crois que c'est juste une mauvaise journée ?

– Non. Je sais que tu n'es pas heureux dans ce que tu fais *(Vert ; ma visée étant qu'elle reconnaisse mon problème.)*

8. (J'accélère, É-Énoncé) J'ai longuement réfléchi. Peut-être qu'aujourd'hui c'est la goutte d'eau qui fait déborder le vase ; mais il y a longtemps que je songe à quitter. Quand on m'a proposé la gérance du magasin, j'ai pensé que ce serait mieux, mais c'est juste pire.

– Marc, je ne te demande pas de passer ta vie à vendre des chaussures, mais pense à nous. Encore hier, nous parlions d'avoir un autre enfant. Si tu quittes ton emploi, ce n'est pas avec mon salaire de secrétaire qu'on va y arriver. *(Rouge ; ma visée étant qu'elle me soutienne.)*

9. (Je freine, R-Écoute) [Silence.]

– Tu pourrais rester un an ou deux comme gérant chez Chaussure à son pied. Pendant ce temps-là, tu pourrais chercher autre chose qui t'intéresserait davantage, quitte à retourner aux études. Aujourd'hui tu peux avoir une bourse, et rappelle-toi que mes parents ont offert de nous aider si tu veux finir ton baccalauréat. *(De plus en plus rouge ; ma visée étant qu'elle cesse d'argumenter.)*

10. (Je freine, R-Écoute) [Silence sans la regarder.]

– (Après deux ou trois autres arguments à la suite desquels je continue à freiner :) Marc, tu ne m'écoutes pas ! *(Vert ; ma visée étant qu'elle cesse d'argumenter.)*

11. (J'accélère, É-Énoncé) J'écoute, mais je n'ai pas le goût d'entendre tes arguments présentement. Je te l'ai dit, j'ai réfléchi à tout ça et ma décision est prise.

– Je n'aime pas ça, Marc. J'ai peur que tu le regrettes. *(Vert ; ma visée étant qu'elle cesse d'argumenter.)*

12. (J'accélère, É-Préparation) Nathalie, je comprends que tu sois inquiète, mais j'aimerais que tu m'écoutes maintenant. Je vais t'expliquer ce que j'ai en tête et je veux que tu y penses d'ici à la fin de la semaine. Nous en reparlerons et je te promets de ne rien faire d'ici là. Je vais continuer à être le gentil gérant qui veut plaire à madame Chose. (Je freine, R-Question sur les intentions) Est-ce que tu es prête à m'écouter ?

– [Sur un ton de résignation :] O.K., je t'écoute. *(Vert ; ma visée étant qu'elle accepte de m'écouter.)*

Cela suffit pour l'illustration, mais, si un jour nous pouvons bavarder, j'aimerais bien poursuivre avec toi un jeu de rôle. Tu pourrais me tendre tous les pièges que tu souhaites ou essayer de me semer sur ta route à toi et j'essaierais de te suivre en évitant les sorties de route et les accidents. Dans mes dialogues, c'est moi qui fais les scénarios : privilège d'auteur. Lorsque je t'ai invité à m'accompagner dans le rôle de Marc, je ne pouvais savoir si tu y serais à l'aise. Mon seul but était de te montrer comment on peut jouer du frein et de l'accélérateur en respectant la première règle de mon code de la communication. Dans le dialogue qui précède, Marc était le seul à appliquer mon code de la communication. Si tu relis le dialogue en tenant le rôle de Nathalie, tu constateras qu'elle ne freine qu'une seule fois, après la cinquième intervention de Marc. Et pourtant, on peut penser que les feux rouges ne manquaient pas pour elle. J'aimerais bien observer un dialogue où les deux appliqueraient mon code. Une idée en passant : si tu veux tester mes idées dans tes conversations réelles, pourquoi ne pas le faire avec une autre personne qui aurait le même intérêt ?

Règle 2 : partir ensemble

Arrêter au feu rouge, c'est élémentaire et c'est facile à comprendre. Partir ensemble, c'est plus difficile. Dans la plupart des sorties de route ou des accidents que j'ai observés sur la route de la communication, j'ai constaté qu'il y avait eu un mauvais départ. Certains partent sur les chapeaux de roues, comme on dit, appuyant à fond sur l'accélérateur. D'autres font tourner le moteur pendant un temps fou avant d'embrayer. Pour une conduite prudente, ma deuxième règle demande de partir ensemble. Pour illustrer un mauvais départ, je t'invite à devenir Jean-Louis, le neveu de tante Émilie qui vit seule en appartement à l'âge de quatre-vingt-six ans. La mère de Jean-Louis, qui est décédée l'an dernier, lui a fait jurer de s'occuper d'elle, car elle n'a personne d'autre au monde. Tu la rencontres pour lui annoncer la recommandation du médecin : qu'elle soit placée dans une résidence pour personnes âgées.

1. Bonjour, tante Émilie. Comment ça va aujourd'hui ?

– Bonjour, mon garçon. Ça va.

2. Vos étourdissements, est-ce que ça continue ?

– J'en ai eu moins cette semaine.

3. Avez-vous reçu les résultats de vos derniers examens à l'hôpital ?

– Oui. [En riant :] Ils disent que je vieillis. Je n'avais pas besoin d'examens compliqués pour savoir ça...

4. Votre médecin, il vous connaît depuis longtemps ; est-ce que vous avez confiance en lui ?

– Oui, c'est un bon garçon. C'est le fils de Théodore. Tu sais, celui qui demeurait près de la voie ferrée, la grosse maison blanche...

5. Oui, je le connais. C'est un très bon médecin ; c'est le meilleur. Et lui aussi vous connaît bien. Il vous suit depuis près de quinze ans.

– Oui, depuis que j'ai eu ma pneumonie. Il est très gentil. Son père aussi, il était gentil. Il venait souvent à la maison. Il avait un faible pour ta pauvre mère.

6. Oui. Vous avez toujours été la sœur préférée de maman. Juste avant de mourir, elle m'a dit : « Jean-Louis, je veux que tu me promettes de bien t'occuper de tante Émilie. »

– Oui, c'est vrai qu'elle m'aimait bien, ta pauvre mère. Elle n'aurait pas dû mourir si jeune.

7. J'ai rencontré votre ancienne voisine, Blanche du Palier. Elle vient de déménager dans un centre pour personnes âgées.

– Oui, la pauvre, c'est-y pas assez malheureux ! À peine soixante-dix-huit ans et déjà on la chasse de chez elle. C'est son gendre qui a tout manigancé. Il ne voulait plus s'en occuper. Il y a des gens qui n'ont pas de cœur.

8. Tante Émilie, vous devez vous sentir seule depuis qu'elle est partie. C'était votre meilleure amie.

– Oui, un peu. Mais moi, j'ai un neveu qui pense à moi. Le Bon Dieu va te récompenser, Jean-Louis, de t'occuper de ta vieille tante. Je te vois à chaque semaine ; tu fais mes courses ; tu t'occupes de mes papiers...

9. Vous savez, tante Émilie, que j'ai toujours cherché ce qu'il y avait de mieux pour vous.

– Oui, mon garçon, je sais que je peux te faire confiance. Ce n'est pas toi qui vas me chasser de chez moi, comme la pauvre Blanche.

Je suppose que tu vois dans quel pétrin tu es en train de te mettre si tu es dans la peau de Jean-Louis. Imagine le choc quand tu vas enfin dire le but de ta visite : « Tante Émilie, j'ai discuté avec le médecin au centre de gériatrie et il recommande que vous soyez placée dans une résidence pour personnes âgées. » Les gens prennent souvent un mauvais départ parce qu'ils rêvent en couleurs. Ils espèrent que, en posant les bonnes questions, leur interlocuteur les suivra comme par enchantement vers la destination qu'ils ont choisie. Pour une fois où ça marche, il y en a dix où l'on se complique la vie. La plupart du temps, cela rend l'autre méfiant, surtout s'il commence à soupçonner que je veux l'entraîner sur ma route en cachette. J'ai déjà eu la chance de me faire demander : « Pourquoi me poses-tu toutes ces questions ? » Je dis bien la chance, parce que mon interlocuteur m'invitait à corriger un mauvais départ. Quand j'utilise mon code de la route, je ne fais jamais l'erreur de répondre : « Il n'y a pas de raison précise... » J'en profite pour nommer mes visées et ma destination.

Pour avoir examiné des centaines d'accidents sur la route de la communication, j'ai compris que, dans le code de bien des gens, on recommande de « préparer le terrain ». C'est une règle que j'aime bien, mais, si « préparer le terrain » veut dire cacher ses intentions et manquer de transparence, je ne suis pas d'accord.

Une bonne façon de partir ensemble est de partager certaines informations concernant, par exemple, la destination, le trajet, la durée, les façons de se concerter en cours de route, les difficultés prévues, etc. L'information varie selon les types de conversation et les circonstances, mais, si je souhaite que nous partions ensemble, je prends le temps de la partager. Si j'étais dans la situation de Jean-Louis, j'essaierais que l'on parte ensemble plutôt que de rincer le moteur et de polluer l'environnement. Reprends le rôle de Jean-Louis et dis-moi comment tu trouves le départ qui suit.

1. Bonjour, tante Émilie. Comment ça va aujourd'hui ?

– Bonjour, mon garçon. Ça va.

2. Il y a des choses importantes dont j'aimerais parler avec vous aujourd'hui.

– Mon Dieu, comme tu as l'air sérieux ! Tu n'as pas de mauvaises nouvelles au moins ?

3. Il y en a des bonnes et des moins bonnes.

– [Regard inquiet.]

4. Je commence par les bonnes ?

– Si tu veux...

5. À la suite de vos examens à l'hôpital, j'ai parlé au médecin et il pense que vous avez encore plusieurs bonnes années à vivre. À part vos étourdissements, il considère que tout fonctionne bien.

– Qu'est-ce qu'il dit au sujet de mes étourdissements ?

6. Ça, c'est la mauvaise nouvelle. Il pense que cela ne va pas s'améliorer. Vous devrez toujours faire attention, parce que vous pouvez tomber, comme la dernière fois, sans l'avoir prévu.

– Tu ne vas pas me chasser de mon appartement !

7. Je ne vais pas vous chasser, comme vous dites, mais je vais essayer de vous convaincre de déménager dans une résidence où vous aurez plus de protection. C'est ce que le médecin recommande.

– [Elle pleure.]

La route sera longue et probablement pénible. Il est même possible que tante Émilie refuse d'aller plus loin dans un premier temps. Mais cela ne pourra pas être pire que dans le premier dialogue où elle recevra le choc après s'être réjouie d'avoir un neveu différent du méchant gendre qui a chassé Blanche de son appartement. Le temps sera mieux utilisé si on le consacre entièrement à soutenir tante Émilie dans ce moment difficile plutôt que de rêver en couleurs. Partir ensemble est une règle de base dans mon code de la communication.

Une autre erreur fréquente des gens qui communiquent mal est de partir sur les chapeaux de roues. Contrairement à Jean-Louis, qui ne se décide pas à embrayer, certains démarrent en trombe et appuient sur l'accélérateur sans trop se demander si l'interlocuteur les suit. Si je n'ai pas épuisé ton goût pour le théâtre, deviens cette fois un professionnel qui veut convaincre son associé d'engager un nouvel employé.

1. Marcel, j'ai trouvé une solution pour rattraper le retard dans nos dossiers. Nous allons engager un assistant. J'ai rencontré un type intéressant lorsque je suis allé à Québec.

– [Regard perplexe.]

2. Il s'appelle Denis ; il a trente ans. Deux ans d'expérience. La firme pour laquelle il travaille vient de fusionner et le bureau de Québec sera fermé. Il peut commencer à travailler chez nous dans trois semaines.

– [Silence.]

3. Au début, nous allons le charger de la recherche aux archives ; cela va nous permettre de nous concentrer sur la rédaction de nos rapports et de rencontrer les nouveaux clients.

– [Silence.]

4. D'ici un an, il sera assez familiarisé avec notre façon de travailler pour participer aux analyses et préparer une première ébauche de nos rapports. Progressivement, il pourra rencontrer de nouveaux clients et, qui sait ? peut-être développer un marché à Québec ; il connaît bien la région.

– [Silence.]

5. Pour le loger, ce n'est pas difficile. Nous ne nous servons presque jamais de la salle de réunion. Elle est assez grande pour qu'on lui installe temporairement un bureau. Lorsque nous aurons besoin de la salle de conférences, il utilisera un de nos bureaux. Ce n'est qu'une solution temporaire, parce que, de toute façon, il va falloir déménager à la fin de notre bail puisque le proprio récupère nos locaux.

Ouf ! Sans rien connaître de Marcel, il est facile de conclure que c'est mal parti. Au mieux, celui-ci va finir par réagir et il faudra reprendre point par point le scénario qu'on vient de lui présenter. Au pire, Marcel sera blessé de constater que son associé a tout planifié sans même demander son avis. On est à un cheveu de la sortie de route ou de l'accident. Je te laisse le soin d'inventer les phrases que tu dirais si tu étais vraiment à la place de ce professionnel. Je reprendrai ce dialogue plus loin dans le chapitre.

Règle 3 : utiliser les clignotants

Quand on s'y met, on réussit rapidement à respecter les deux premières règles : on se donne un temps d'arrêt après chaque feu rouge ;

on ne part jamais sans dévoiler son trajet pour vérifier si l'interlocuteur veut suivre. Un autre problème qui guette le conducteur imprudent est de prendre les tournants sans avertir. Il change de sujet, introduit un nouvel aspect de la question traitée sans s'assurer que l'autre en a terminé avec le premier. Bientôt, des ratés se produisent dans la voiture du compagnon de route.

Imagine qu'une autre voiture te suit à toute allure sur une autoroute réelle. Subitement, tu vois l'annonce d'une station-service et tu réalises qu'il est temps de faire le plein. Tu freines brusquement et prends la sortie sans même penser à mettre ton clignotant. Tu vois la suite ? C'est une image qui illustre très bien ce que j'observe sur la route de la communication. C'est pourquoi j'ai mis dans mon code cette troisième règle : utiliser les clignotants. Elle permet de rester ensemble après être partis ensemble. Je te donne un exemple de course folle où chacun des conducteurs semble s'amuser à prendre les virages sans aucun avertissement. Cette fois, je ne t'invite pas à jouer le rôle de l'un ou l'autre. Demeure un spectateur et demande-toi si tu as déjà été témoin de ce genre de conversation.

1. Salut, Roger. As-tu passé de bonnes vacances ?

– Super. Je reviens d'Europe avec Marie-Ève.

2. Ah ! L'Europe ! Moi, je suis allée au bord de la mer avec mes deux enfants.

– On a loué une voiture. Tu sais que, durant l'été, on a des vols directs Montréal-Nantes.

3. Moi, c'est fini les longs voyages en avion.

– Le plus intéressant, c'est qu'on peut arriver à Nantes, louer une voiture à l'aéroport, descendre jusqu'à la Méditerranée et reprendre l'avion à Marseille.

4. Pour moi, il n'y a rien pour battre les plages de Cape Cod. Avec les enfants, le camping, c'est fameux. Ils rencontrent d'autres enfants et passent la journée à s'amuser.

– As-tu rencontré Julie ? Imagine-toi que son *chum* l'a quittée juste avant les vacances.

5. J'ai vu plein de gens à Cape Cod qui sont chefs de famille monoparentale. Pas seulement des femmes à part ça. Il y avait un mec, un Australien, que j'ai trouvé de mon goût.

– Marie-Ève est aussi emballée que moi par l'Europe.

6. Mon Australien, il pense venir s'établir au Québec. Imagine-toi qu'il parle français.

– Marie-Ève et moi, on commence à penser aux enfants.

7. Ted, c'est le nom de mon Australien, il en a trois, à peu près du même âge que les miens.

– Nous, ce ne sera pas avant un an.

8. Ce serait drôle si on pouvait se revoir à Montréal. Il est, lui aussi, dans le domaine de l'informatique.

– Parlant d'informatique, as-tu remarqué que, pendant les vacances, ils ont enfin changé nos vieux ordinateurs ?

9. [Silence indiquant qu'elle est absente, pensant peut-être à son Australien qui ne semble pas intéresser Roger.]

– En tout cas, j'ai tellement aimé l'Europe que j'ai déjà commencé à faire des plans pour l'an prochain.

10. [Sortant de sa rêverie :] Quoi, qu'est-ce que tu dis ?

– J'ai calculé que mes trois semaines en Europe ne m'ont pas coûté plus cher que la croisière de l'an dernier.

11. Excuse-moi, je vois Stéphane. J'ai deux mots à lui dire. [Elle le quitte.]

Dialogue de sourds. Probablement sans conséquence si chacun ne demande rien d'autre qu'une occasion de verbaliser ce qu'il vit. Mais, pour peu que la collègue de Roger souhaite clarifier ce qu'elle commence à vivre avec « son Australien », c'est une sortie de route. On peut comprendre qu'elle bifurque pour mettre fin à cette rencontre. Roger aussi pourra se sentir frustré s'il a besoin de partager son enthousiasme pour l'Europe ou d'approfondir un des nombreux sujets qu'il introduit. Tu as probablement appris à éviter les chauffards avec lesquels tu ne souhaites pas circuler, mais que fais-tu quand les circonstances t'imposent de suivre la même route ? Tu peux choisir tes amis, mais tu ne choisis pas tes clients, tes patrons, ta belle-famille, tes voisins ou tes collègues de travail. Même avec des gens qu'on aime bien, il est facile de se perdre de vue au cours d'une conversation. J'ai constaté que la route est plus agréable lorsque j'utilise les clignotants.

Quand j'utilise un clignotant, je garde le pied sur l'accélérateur, mais je choisis le procédé que j'ai appelé « É-Préparation » dans la liste présentée au chapitre II. J'introduis une pause dans la conversation pour indiquer un changement de route. Voici quelques exemples typiques. Chacun est accompagné d'un petit coup de frein pour que l'autre ait le temps de réagir :

- « Il y a un autre aspect que je veux aborder avec toi. As-tu encore un peu de temps ? »
- « Es-tu prêt à passer à un autre point ? »
- « Si tu n'as plus rien à dire là-dessus, j'aimerais... »
- « J'ai une proposition à te faire. » [Bref silence.]
- « Si tu veux en parler, je peux t'aider. » [Bref silence.]
- « J'aurais beaucoup de choses à dire là-dessus ; je ne sais pas si tu souhaites les entendre. »

- « J'ai de bonnes et de mauvaises nouvelles ; par quoi veux-tu commencer ? »
- « J'aimerais me faire l'avocat du diable ; est-ce que ça te convient ? »
- « J'ai l'impression que ça ne t'intéresse pas... »
- « J'aimerais terminer ce que j'ai à dire avant d'entendre tes objections, O.K. ? »

Quand j'examine attentivement les rapports d'accidents qui se sont produits sur les routes de la communication, je constate qu'il y a deux façons d'utiliser l'accélérateur. J'appuie fermement lorsque je donne mon point de vue sur un sujet. La majorité des procédés de ma liste servent à cela : renseignement, énoncé, proposition, conseil, demande, évaluation. Quand j'utilise un procédé de préparation, je fais ce que j'appelle une accélération douce ; j'annonce les virages et je parle de navigation. Les conducteurs qui ont le plus d'accidents sont des gens pressés d'arriver à destination : toutes leurs paroles sont fonction de leurs intérêts. Ils veulent aller droit au but et supposent que leurs interlocuteurs vont les suivre. J'ai acquis la conviction que le plus court chemin n'est pas la droite lorsqu'on circule sur la route de la communication. Il faut souvent faire un détour, arrêter pour faire le plein, laisser le moteur se refroidir s'il a tendance à chauffer, retrouver son chemin lorsqu'on s'est perdu, etc. L'usage des clignotants aide à arriver à bon port dans les meilleures conditions.

Règle 4 : ne pas doubler dans une zone dangereuse

Celui qui met en pratique les trois premières règles pour une conduite prudente maîtrise déjà l'essentiel de mon *Petit code de la communication.*

Tu en as peut-être assez ? Trop de règles à respecter, ça risque de devenir fatigant. C'est ce que je me disais lorsque, adolescent, j'ai appris à conduire une vraie voiture. On m'a bombardé de consignes: «Regarde à droite et à gauche, surveille les panneaux indicateurs, garde ta distance, pense à mettre les clignotants, regarde dans ton miroir, ajuste les essuie-glaces, règle la ventilation, garde un œil sur le tableau de bord...» Je pensais devenir fou. Une semaine plus tard, j'étais détendu. Après un mois de conduite, je faisais tout cela sans même y penser. Sur la route de la communication, c'est moins évident et ça demande plus d'entraînement. Surtout si l'on commence à conduire prudemment après vingt ou trente ans de conduite dangereuse. Tout ça pour dire que, si tu veux faire une pause, tu as de quoi t'occuper avec les trois premières règles. Tu peux les tester dans des situations réelles et voir si elles diminuent effectivement les sorties de route ou les accidents. Sinon, ne perds pas ton temps à lire la suite de mon code; il n'est pas fait pour toi. Si tu y trouves ton profit, je te présente deux autres règles qui m'aident à maintenir une conduite prudente.

Sur la route de la communication, comme dans le vrai réseau routier, il y a des zones dangereuses. Le problème est qu'elles ne sont pas indiquées aussi clairement que sur les routes asphaltées. J'entre dans une zone dangereuse lorsque je demeure trop longtemps dans la position d'émetteur. Le danger est de me retrouver seul. Si ce que je dis provoque du rouge, la première règle me sort du pétrin. Mais parfois je peux filer, appuyer sur l'accélérateur sans jamais toucher au frein et constater que les feux de signalisation sont toujours verts ou jaunes. Rien ne m'arrête et je vais de plus en plus vite. Je me félicite d'avoir un interlocuteur qui m'écoute si bien. Chaque fois que cela se produit, j'entre dans une zone dangereuse. Ma quatrième règle a pour objet d'éviter les monologues; elle demande que je laisse à mon compagnon de route le temps de saisir ma pensée, de digérer l'information, d'exprimer une réaction, de me dire s'il me suit ou non, etc. J'ai constaté que les conducteurs qui ont le moins d'accidents n'accumulent jamais plus de trois coups d'accélérateur sans un petit coup de frein pour laisser l'autre voiture les rattraper. Ils n'attendent pas un feu rouge pour s'obliger à freiner. Si tu veux t'exercer à ne pas doubler dans une zone dangereuse, accompagne-moi dans le rôle de l'enseignante qui rencontre une élève pour parler d'une baisse dans son rendement scolaire.

1. (J'accélère.) Bonjour, Sandra. Assieds-toi.

– [Regard indiquant qu'elle est en attente.] *(Jaune ; ma visée étant qu'elle accepte de me parler.)*

2. (J'accélère.) J'ai demandé à te voir pour parler de tes résultats scolaires.

– [Silence ; elle baisse les yeux.] *(Rouge ; ma visée étant qu'elle accepte d'en parler.)*

3. (Je freine.) Veux-tu qu'on en parle un peu ?

– Je sais que je suis plus faible ; votre examen était plus difficile. *(Vert ou jaune ; ma visée étant qu'elle accepte de parler.)*

4. (J'accélère.) Je ne pense pas qu'il était plus difficile ; la moyenne de la classe est la même que pour les autres examens.

– [Silence ; elle regarde le plancher.] *(Vert ; ma visée étant qu'elle abandonne cette explication.)*

5. (J'accélère.) Je suis inquiète. Tu as tout juste la note requise et tu risques de ne pas réussir ton année.

– [Silence ; elle relève la tête.] *(Jaune ; ma visée étant qu'elle donne un signe d'attention.)*

6. (J'accélère.) Si tu penses que je peux t'aider, je suis prête à le faire ; mais je ne veux pas m'imposer.

– Je veux quitter l'école. *(Vert ; ma visée étant qu'elle parle de ses problèmes.)*

7. (Je freine.) Tu veux quitter l'école...

– Oui, je veux aller travailler et avoir mon appartement. *(Vert ; ma visée étant qu'elle parle de ses problèmes.)*

8. (J'accélère.) C'est une décision qui t'appartient. Si tu as déjà décidé, il n'y a probablement rien que je puisse dire pour te faire changer d'idée. Mais, si tu acceptes qu'on en parle davantage, je peux t'aider à voir le pour et le contre avant que tu te décides.

– Je ne suis pas intelligente. *(Vert ; ma visée étant qu'elle accepte d'en parler.)*

9. (J'accélère.) Je ne pense pas que ce soit une question d'intelligence. Tu réussis très bien dans certaines matières. Une fille pas intelligente ne pourrait pas avoir la note de 70 % que tu as eue au dernier examen.

– Oui, c'est parce que c'est une matière que j'aime. *(Vert ; ma visée étant qu'elle poursuive la discussion.)*

(La conversation se poursuit et j'aide Sandra à bien évaluer sa situation.)

Pour ne pas doubler dans une zone dangereuse, il y a, bien sûr, la manœuvre que tu connais : passer de l'accélérateur au frein, devenir récepteur après avoir occupé la position d'émetteur. Dans le rôle de l'enseignante, dans le dialogue qui précède, j'ai rencontré un seul feu rouge au début, lorsque Sandra a baissé les yeux en réponse à ma formulation du but de la rencontre. J'ai freiné, appliquant la règle 1. Par la suite, je n'ai jamais accéléré plus de trois fois sans freiner ; j'ai laissé à Sandra le temps de me rattraper.

J'ai fait mieux encore. J'ai utilisé ce que j'ai appelé plus haut un procédé d'accélération douce (É-Préparation). Au lieu de bombarder mon interlocuteur d'arguments comme le font les conducteurs imprudents, j'ai donné beaucoup de place à Sandra en lui ouvrant différentes routes et en lui laissant le choix de m'y accompagner ou non : « 2. J'ai demandé à te voir pour parler de... », « 6. Si tu penses que je peux t'aider, je suis prête à le faire ; mais je ne veux pas m'imposer. », « 8. C'est une décision qui t'appartient. [...] Mais, si tu acceptes qu'on en parle davantage, je peux t'aider à voir le pour et le contre avant que tu te décides. » Ce type d'accélération est bien différent des escalades qui visent à convaincre. Dans mes observations sur les différentes façons de conduire, j'ai constaté qu'un argument bien préparé, suivi d'un temps d'arrêt, est plus efficace qu'une accumulation d'énoncés que l'autre n'écoute même pas. C'est ce qui m'a amené à proposer cette quatrième règle pour une conduite prudente.

Règle 5 : ne jamais se laisser distancer

Une dernière règle. C'est l'envers de la médaille par rapport à celle qui précède, qui dit de ne pas abuser de l'accélérateur pour éviter les zones dangereuses. De fait, ma cinquième règle demande de ne jamais se laisser distancer en appuyant trop longtemps sur le frein. Dans certains codes conçus pour écraser son adversaire, on recommande de freiner tant que l'autre ne s'est pas compromis. On questionne, on écoute, on reformule jusqu'à ce que l'interlocuteur manifeste une faiblesse que l'on peut utiliser contre lui. Si c'est le genre de relation que tu veux améliorer, oublie mon code. Consulte plutôt les codes militaires ou ceux des avocats de profession. Pour eux, il ne s'agit pas d'éviter des accidents, mais de les provoquer avec assez d'habileté pour blesser l'adversaire sans se faire trop de mal.

Mon code s'adresse aux personnes qui veulent éviter les accidents. Dans ce contexte, si je prends la position de récepteur trop longtemps, je risque de ne pouvoir rattraper l'autre. D'une part, je l'encourage à doubler dans une zone dangereuse. D'autre part, si je veux le rattraper ensuite, je peux être tenté de faire moi-même des excès de vitesse. C'est ce que faisait Jean-Louis, le neveu de tante Émilie : il commençait par une série de questions en souhaitant éviter de la heurter. Il a obtenu l'effet inverse : tante Émilie s'est éloignée de lui en disant combien le mauvais gendre de son amie a été cruel... Lorsqu'il appuiera ensuite sur l'accélérateur pour la rattraper, il la frappera durement. Dans l'exemple des voisins qui parlent des fleurs piétinées, Motus aussi s'est laissé distancer. S'il n'avait rien à dire sur le sujet, il n'avait pas à rattraper son voisin, mais s'il avait voulu apporter une nuance, dire que l'autre dramatise ou prendre la défense des parents qui sont accusés de tous les maux, il aurait eu du mal à rattraper son interlocuteur après avoir laissé entendre, par son silence, qu'il partageait son point de vue. Enfin, Marcel a vraiment ignoré ma cinquième règle en permettant à son partenaire de s'emballer pour un nouvel assistant. En demeurant silencieux pendant que l'autre le dépassait à toute allure, il s'exposait à une bonne sortie de route lorsqu'il essaierait de le rattraper. Imagine qu'après avoir été récepteur pendant cinq minutes Marcel pousse à fond sur l'accélérateur : « C'est bien beau tout ça, mais je suis contre l'idée d'engager une autre personne. » Si tu commences à te familiariser avec la route de la communication, tu peux, comme moi, prévoir la suite. Si tu veux une illustration de ma cinquième règle, deviens Marcel :

– Marcel, j'ai trouvé une solution pour rattraper le retard dans nos dossiers. Nous allons engager un assistant. J'ai rencontré un type intéressant lorsque je suis allé à Québec.

1. (Tu freines.) [Regard perplexe.]

– Il s'appelle Denis ; il a trente ans. Deux ans d'expérience. La firme pour laquelle il travaille vient de fusionner et le bureau de Québec sera fermé. Il peut commencer à travailler chez nous dans trois semaines.

2. (Accélération douce.) Wo les moteurs ! Pas si vite. Avant d'aller plus loin, je veux qu'on discute d'argent.

– L'argent, ce n'est pas un problème...

3. (Accélération douce.) Est-ce que j'ai le droit de donner mon opinion?

– [Silence.]

4. (Tu accélères.) Je ne suis pas certain qu'on soit prêts pour une telle dépense.

Dans la règle précédente, je m'imposais de ne jamais accumuler plus que trois répliques en tant qu'émetteur sans donner un petit coup de frein. Ici, ce n'est pas la quantité de répliques qui est en cause; c'est le fait que l'interlocuteur ne sait rien de ce qui se passe en moi pendant que je l'écoute. Certains professionnels de la relation d'aide informent leur client qu'ils ne feront rien d'autre que de l'aider à parler pour qu'il voie plus clair en lui-même. Dans la mesure où le client connaît et accepte les règles du jeu, on ne peut pas dire que le professionnel se laisse distancer lorsqu'il questionne, reformule, reflète l'expérience pendant toute l'entrevue. C'est plutôt le contraire: le client se sent suivi de très près. La même chose peut se passer dans la vie courante lorsqu'on prête une oreille attentive à un ami qui vit une peine ou a besoin de parler d'un événement. On lui offre de l'écouter, on l'invite à parler librement ou, au moins, on lui fait savoir non verbalement qu'on est attentif. On le suit sans le distraire par des commentaires tant et aussi longtemps qu'il ne demande rien d'autre que de se confier.

Il y a bien des façons de ne pas se laisser distancer. Celui qui accepte l'importance de cette règle trouve facilement son style personnel. Certains utilisent le non-verbal: un signe de tête, un front plissé, les sourcils levés, un geste de la main suffisent parfois pour indiquer à l'autre qu'on ne le suit pas. Ici comme dans les règles précédentes, la préparation, une accélération douce qui consiste à parler de navigation avec son interlocuteur, est une bonne façon de rester en contact. En général, cela me semble plus efficace que de se laisser entraîner dans une course où l'interlocuteur accumule les arguments pour imposer son point de vue. Le plus important n'est pas le procédé ; c'est de penser à ne pas se laisser distancer.

J'en ai fini avec mes règles pour une conduite prudente. Peu de personnes aiment les règles, surtout quand ce ne sont pas les leurs. J'ai essayé de m'en tenir au minimum. Dans le prochain chapitre, je procéderai de façon moins contraignante en proposant des astuces, des trucs pour rendre la communication plus satisfaisante.

CHAPITRE IV

LES ASTUCES

En cherchant ce qui distingue un bon conducteur d'un chauffard sur les routes de la communication, je me suis d'abord concentré sur l'essentiel : comment éviter les sorties de route et les accidents. J'ai résumé mes observations dans cinq règles pour une conduite prudente. J'ai aussi observé, chez les meilleurs conducteurs, des façons originales de conduire. Je me suis constitué une collection d'astuces, des petits trucs qui non seulement augmentent la sécurité, mais qui rendent le voyage plus agréable. Je les ajoute à mon *Petit code de la communication.* Il n'y a aucun ordre. J'y suis allé au petit bonheur. Tu en fais ce que tu veux.

Je te présente 10 astuces : 1) l'utilisation des procédés de préparation et de réception pour bien prendre une courbe ; 2) le décodeur pour une meilleure écoute ; 3) le GPS pour ne pas se perdre ; 4) une manœuvre pour éviter le nid-de-poule ; 5) le lave-glace pour débarrasser le pare-brise des éclaboussures ; 6) les phares antibrouillard pour rester sur la route dans un moment difficile ; 7) une conduite sans ingérence pour que chacun demeure maître de sa voiture ; 8) le régulateur de vitesse pour éviter les interprétations trop rapides ; 9) une précaution concernant la marche arrière ; 10) l'aire de repos quand rien ne va plus.

Pour chaque astuce, une conversation illustre soit la difficulté qu'elle veut prévenir, soit une façon de l'utiliser. Je l'expliquerai ensuite. J'ai parfois interviewé certains conducteurs qui m'impressionnaient par leur façon élégante de conduire ; cela m'a aidé à mieux comprendre leurs manœuvres. Je donnerai, à l'occasion, des extraits de mes interviews. Les dialogues qui illustrent les astuces respectent les cinq règles pour une conduite prudente.

Pour bien prendre une courbe

Lorsque j'ai appris à conduire sur les routes asphaltées, on m'a enseigné comment aborder une courbe : « Tu réduis légèrement ta vitesse avant la courbe et tu reprends ta vitesse de croisière une fois engagé dans la courbe. » J'ai essayé cela et j'ai constaté que c'était beaucoup plus confortable. J'avais l'impression d'être en parfaite harmonie avec la voiture plutôt que d'être projeté à gauche ou à droite pendant que la voiture prenait l'autre direction. Sur la route de la communication, j'ai rencontré des conducteurs qui exécutent des manœuvres semblables. Ils appliquent le procédé que j'ai appelé « préparation » et deviennent aussitôt récepteurs pour s'assurer que l'autre les suit avant d'accélérer de nouveau. Observe Geneviève. Elle enseigne la manœuvre d'embrayage à son fils qui apprend à conduire une voiture. J'ai mis en italiques dans le dialogue les procédés qui servent à bien prendre une courbe.

1. (É-Préparation) *Aujourd'hui, je vais t'expliquer la façon d'embrayer.* (R-Question générale) *Tu es prêt ?*

– Oui.

2. La manœuvre la plus délicate est d'apprendre à relâcher la pédale d'embrayage tout en appuyant doucement sur l'accélérateur. Tu vois, sur le levier de vitesse, les positions N et I ?

– Oui.

3. Il faut que tu déplaces le levier de la position N (neutre) à la position I qui signifie « première vitesse ». Mais il faut d'abord que la pédale d'embrayage soit enfoncée jusqu'au plancher. (R-Question générale) *Vois-tu ce que je veux dire ?*

– Oui, mais si tu lâches le frein, on peut reculer ou avancer...

4. (É-Préparation) *Je vais te le montrer plutôt que de l'expliquer. Regarde ce que je fais.* [Elle effectue la manœuvre. Elle place le pied gauche sur la pédale d'embrayage pendant que son pied droit appuie sur le frein.]

– O.K., je comprends. Je me sers de mon pied droit pour freiner.

5. C'est ça. Et après avoir placé le levier de changement de vitesse à la position I, tu déplaces de nouveau ton pied droit pour appuyer un peu sur l'accélérateur pendant que tu relâches lentement la pédale d'embrayage. (É-Préparation) *Je vais te laisser essayer.*

[Ils changent de place et l'apprenti exécute la manœuvre décrite. Le moteur s'étouffe.]

6. (R-Écoute) [Geneviève le regarde en silence.]

– [Il regarde sa mère, l'air inquiet.]

7. (R-Autocritique) *As-tu compris ce qui s'est passé ?*

– Oui. J'ai relâché trop vite l'embrayage.

8. C'est ça. (É-Préparation) *On peut faire deux choses : je peux refaire la manœuvre devant toi ou tu essaies de nouveau.* (R-Question sur les intentions) *Que préfères-tu ?*

– Fais-le et je vais observer.

[Ils changent de place et Geneviève effectue la manœuvre lentement à quelques reprises.]

– O.K., j'ai compris. Tu lâches le frein et tu commences à appuyer sur l'accélérateur avec ton pied droit avant de relâcher l'embrayage. Mais j'avais peur qu'on se mette à bouger si je laissais le frein trop rapidement.

9. Si tu es dans une pente, tu peux mettre le frein à main pendant que tu fais la manœuvre et l'enlever dès que tu as embrayé ; nous verrons ça plus tard. Ici, ce n'est pas nécessaire, nous sommes sur un terrain plat. (R-Question sur les intentions) *Tu veux essayer maintenant ?*

[Il reprend la place du conducteur et refait la manœuvre qui réussit parfaitement. Les deux se regardent avec un sourire de satisfaction.]

Dans ce dialogue, Geneviève introduit ses informations par de brèves préparations (É-) et elle s'assure que son fils la suit (R-) avant d'accélérer. Elle écoute patiemment chaque question sans crainte d'être retardée, tant que l'apprenti n'est pas à l'aise. Cette astuce rend souvent la conversation plus agréable que si l'acteur bombarde son interlocuteur d'informations sans se soucier de l'effet qu'il produit. Ce que j'appelle une courbe sur la route de la communication est une séquence qui demande beaucoup d'attention. C'est le cas lorsqu'on explique quelque chose de difficile, comme dans le cas de Geneviève. C'est aussi le cas dans certaines situations délicates : une mauvaise nouvelle à annoncer, un *feed-back* négatif à donner, une résistance à discuter, une exigence à imposer, etc.

Le décodeur

Il m'est arrivé, un jour, de me présenter chez un garagiste pour qu'il détermine l'origine d'un bruit que faisait ma voiture et qui m'inquiétait. Après avoir procédé sans succès à quelques tests élémentaires, le garagiste sort de son coffre à outils une espèce de stéthoscope. Il installe la partie micro sous le capot, fait courir un fil jusqu'à l'intérieur et le branche sur des écouteurs qu'il place sur ses deux oreilles. Il me dit : « Allons faire un tour. » Au retour, il avait le sourire : « Je sais ce que c'est. » Une demi-heure plus tard, ma voiture était réparée. Cet événement m'a inspiré pour nommer ma deuxième astuce. Elle consiste à installer un petit décodeur sur son cellulaire. Certains emploient le mot empathie pour parler de la même chose.

Observe Jean-Marc avec un ami qui lui parle d'une décision difficile à prendre.

– Jean-Marc, as-tu quelques minutes ? J'ai une décision à prendre et j'ai besoin d'en parler pour clarifier mes idées.

1. D'accord, je t'écoute.

– Je viens de recevoir une offre d'emploi chez Quadrar. Tu sais, la firme spécialisée dans l'équipement électronique pour les trains à haute vitesse ?

2. Oui, je connais. Ça t'intéresse ?

– Ben voilà, le problème, c'est que je devrais déménager à Toronto.

3. Ça te fait hésiter ?

– Ouais. Changer complètement d'environnement... Et Gilberte devrait se trouver un emploi à Toronto. Il y a aussi l'école pour les enfants... Apprendre à vivre dans un milieu anglophone, ce n'est pas facile.

4. Il y a beaucoup d'arguments contre...

– Oui... [Air pensif.]

5. Et pourtant, tu hésites...

– Oui. Côté carrière, c'est la chance de ma vie. Ils disent qu'ils veulent ouvrir une succursale au Québec dans trois ans et ils m'ont laissé entendre que je pourrais en prendre la direction si tout va bien d'ici là.

6. Je te sens tout excité juste à y penser.

– Ouais. Je ne sais vraiment pas quoi faire.

7. Tu as combien de temps pour te décider ?

– Je dois donner une réponse la semaine prochaine. Le grand patron sera à Montréal et si je dis oui, il veut m'interviewer.

8. Si on t'appelait ce soir pour t'annoncer que l'entrevue a lieu demain, qu'est-ce que tu dirais ?

– Je ne saurais pas quoi dire.

9. Si tu veux, je peux t'aider à peser le pour et le contre. On prend une feuille de papier ; on fait deux colonnes et on écrit à gauche les pour et à droite les contre. Ça t'intéresse ?

– D'accord.

[Ils font l'exercice.]

10. Alors, qu'est-ce que tu conclus ?

– Je ne sais pas. Il y a autant de pour que de contre...

11. On ne peut pas compter sur les mathématiques pour trancher...

– Non. D'ailleurs, tous les éléments n'ont pas la même importance. Pour les enfants, par exemple ; lorsqu'on a eu un conseil de famille, Sophie semblait inquiète de perdre ses amies, mais son frère était plutôt attiré par l'aventure.

12. Si la raison ne permet pas de trancher, le cœur, qu'est-ce qu'il dit ?

– Le cœur, le cœur... Entre les deux, mon cœur balance.

13. C'est l'ambivalence totale.

– Ouais.

14. Imagine maintenant qu'on t'appelle ce soir pour te dire que les plans sont changés et qu'on ne t'offre pas le job à Quadrar.

– Je serais déçu.

15. Mais soulagé en même temps ?

– Ouais, soulagé. Mais je serais vraiment déçu.

16. J'ai l'impression, Maurice, que tu le veux, ce job-là.

– Ouais, si seulement ce n'était pas si loin.

17. J'ai l'impression que tu le veux vraiment.

– Oui, c'est vrai. Qu'est-ce qui te fait dire ça?

18. Je t'observe depuis le début de notre conversation. Quand on dressait la liste des pour et des contre, par exemple, chaque fois qu'on parlait des avantages, tu étais tout pétillant... Tu devenais sombre quand tu alignais les inconvénients.

– [Sur un ton décidé:] C'est vrai que je le veux.

19. [Long silence.]

– Sais-tu, je viens de penser à quelque chose. Peut-être que ce n'est pas nécessaire de déménager toute la famille. J'ai un voisin qui fait le trajet entre Ottawa et Montréal toutes les fins de semaine. Je pourrais lui demander comment il vit ça. Toronto, c'est pas mal plus loin qu'Ottawa, mais, après tout, c'est seulement pour trois ans...

20. Tu sembles avoir une nouvelle piste à explorer.

– [Avec enthousiasme:] Oui. Je pense que c'est une très bonne piste. Je vais en parler à Gilberte; je pense qu'elle sera d'accord. Bon, ben merci, tu m'as vraiment aidé.

21. Je suis bien content. Tu me tiendras au courant...

Les premières fois que j'ai observé ce genre de conduite, j'étais intrigué. Par exemple, je voyais bien que, non verbalement, la personne semblait très concentrée. Légèrement inclinée vers son interlocuteur, ne le quittant pas des yeux, elle semblait battre la mesure avec sa tête pendant que l'autre parlait. Je me demandais comment elle faisait pour trouver des phrases qui, presque à tout coup, produisaient un comportement vert chez son compagnon de route. Même dans une conversation téléphonique, la concentration de celui qui écoute est parfois exceptionnelle. J'ai interviewé une bénévole qui donne du temps à un centre d'aide et d'écoute téléphonique où les gens peuvent appeler lorsqu'ils ont besoin de parler. On avait enregistré la conversation avec le consentement de la personne qui appelait, un adolescent qui parlait de la difficulté qu'il éprouve à se faire des amis. Voici un résumé de cette interview :

– Solange, je peux te poser quelques questions sur ce que tu fais pendant que tu écoutes cet adolescent ?

– Oui, bien sûr.

– J'ai noté, pendant ton entrevue, que tu ne commentes à peu près jamais ce qu'il dit. Tu te contentes de l'écouter.

– Oui et non. Je l'écoute, c'est vrai, mais le plus important est ce qui se passe dans ma tête pendant que j'écoute. Dans ce cas-là, je n'avais pas besoin de faire des commentaires. L'ado avait juste besoin de parler. Mais je ne fais pas que l'écouter.

– Qu'est-ce que tu fais d'autre ?

– D'abord, j'essaie toujours de me mettre à sa place ; j'essaie de saisir le sens de ses paroles en faisant comme si j'étais lui. Il m'arrive d'ailleurs de parler comme si j'étais lui. Tu as peut-être noté qu'à un moment l'ado dit : « Je suis tout mêlé. » Je réponds : « Je ne sais plus quoi faire. »

– Oui, j'ai noté. Cela m'a paru bizarre au début, mais j'ai compris que tu te mettais dans la peau de l'ado, que tu disais à haute voix ce que tu pensais qu'il vivait.

– C'est juste. Il entend ma voix, mais il n'est pas distrait. C'est comme s'il s'entendait parler à travers moi.

– J'ai aussi été étonné parfois de certaines phrases que tu sortais. Je me disais : « Où est-ce qu'elle va chercher ça ? »

– [En riant :] Je ne suis ni voyante ni magicienne. Je suis seulement attentive à ce qui se passe chez l'autre. Je n'écoute pas seulement ce qu'il dit, mais aussi le ton de sa voix.

– J'ai été fasciné lorsque tu as dit, par exemple : « C'est comme si je voyais plein de tristesse autour de toi pendant que tu me racontes tout cela. » Et l'ado s'est mis à pleurer. Comment tu as fait pour savoir qu'il était triste ? Moi, je n'ai rien entendu…

– Quand on est en communication directe, c'est plus facile que lorsque tu écoutes un enregistrement. Mais même là, ce n'est pas toujours évident. Dans le passage dont tu parles, je n'étais pas certaine. Je me disais : « Je sens de la tristesse. Est-ce lui qui est triste ou moi qui deviens triste par rapport à ce qu'il me raconte ? » Il y a toujours un risque de projeter ce qu'on vit sur l'autre. J'ai mis la tristesse en dehors de lui.

– Et tu n'as jamais le goût de faire des commentaires, de dire ce que tu penses, de donner des conseils ?

– Oui et je ne me gêne pas pour le faire lorsque cela me semble utile. Mais dans la conversation que tu viens d'écouter, ce n'était pas nécessaire.

– Cela doit être compliqué, parfois, de saisir ce qui se passe dans la tête de quelqu'un.

– Oui. Mais j'ai développé un petit truc. Au lieu d'essayer de comprendre tous les détails de ce que l'autre me raconte, je vais à l'essentiel. Pendant qu'il parle, je fais le point.

– Tu fais le point…

– J'essaie de répondre à la question suivante : « Qu'est-ce qu'il ressent actuellement ? »

– Et ça te donne quoi ?

– Cela m'aide à le comprendre au-delà des mots qu'il emploie. Quand je ne trouve pas de réponse satisfaisante à ma question, je peux lui demander d'y répondre lui-même ou vérifier si je comprends bien.

– C'est pour ça que l'on entend souvent la phrase suivante : « Si je comprends bien... »

– C'est en plein ça. Même quand je me trompe, l'autre comprend que je cherche à saisir le sens de ce qu'il dit et il m'aide.

– Je suppose que ce n'est pas toujours facile de répondre à ta question, surtout au téléphone, alors que tu ne peux voir ton interlocuteur.

– Non. Mais je cherche. Par exemple, dans la conversation que tu viens d'écouter, tu as peut-être noté qu'il dit souvent que ses amis le trouvent lâche. Quand je me suis demandé ce qu'il ressentait, je ne savais pas quoi répondre : « Est-ce qu'il se sent incompris, en colère, déçu, rejeté ? » Je lui ai alors demandé : « Tu me dis que tes amis te trouvent lâche ; tu te sens comment quand cela se produit ? » Il m'a parlé de sa timidité, de ses craintes, de son manque d'audace. J'ai bien aimé qu'il commence à remplacer « ils me trouvent lâche » par « je me sens lâche ».

– Je te remercie de ces informations. La notion d'empathie devient plus concrète pour moi.

Je ne pense pas que tous les conducteurs peuvent atteindre la virtuosité des gens qui ont pour tâche d'écouter les autres, mais je pense que toute personne peut apprendre à utiliser un décodeur sur la route de la communication. Il suffit de se poser la question suivante : « Qu'est-ce que l'autre ressent actuellement ? », puis de vérifier si l'on a bien compris. Enfin, si tu as le goût d'essayer, tu pourras voir ce que cela donne.

Le GPS

Tu sais ce qu'est un GPS ? Pour moi, c'était relativement nouveau. Comme je voulais utiliser cette image pour présenter une nouvelle astuce, j'ai senti le besoin de trouver une définition quelque part dans Internet :

> Un système de navigation GPS [de *Global Positioning System,* « Système de positionnement global »] est un véritable outil d'aide à la conduite : il permet à un automobiliste de se faire guider à un endroit désiré par indication vocale et par affichage sur son écran de navigation. Le GPS est un système permettant de situer géographiquement le véhicule grâce au croisement de signaux émis par les satellites. Ces signaux sont captés par une antenne GPS située dans le véhicule. La position de la voiture est alors transmise à l'ordinateur de bord.

Sur la route de la communication, on se demande parfois où l'on s'en va. J'ai rencontré des conducteurs champions de la navigation. Tout se passe comme s'ils avaient installé un GPS sur leur tableau de bord : à tout instant, ils peuvent faire le point sur le parcours, choisir des raccourcis, se retrouver après un détour. Leur astuce consiste à ne jamais perdre de vue leur destination, à tenir compte du temps dont ils disposent et à ramener sur la route principale un interlocuteur qui a tendance à s'éparpiller. Voici un exemple de navigation astucieuse :

1. Bonjour, Pierre. Nous avons trente minutes pour décider si nous acceptons ou non de donner un atelier au congrès des travailleurs sociaux. J'ai promis de les rappeler à 16 h aujourd'hui pour donner notre réponse.

– Oui, j'ai vu les papiers que tu m'as remis la semaine dernière. Je t'avoue que je n'ai pas eu le temps de les étudier attentivement. C'est quoi le thème, déjà ?

2. La gestion de conflits en milieu de travail.

– Ouais. Je me souviens de l'atelier que nous avons fait il y a quatre ans au congrès des psychologues. Il y avait tellement d'inscriptions qu'on a dû le répéter.

3. [Silence.]

– C'est vraiment bizarre la façon de choisir les thèmes. L'an dernier, par exemple, tout le monde voulait parler de communication. Cette année, c'est la santé au travail.

4. Qu'est-ce que tu dirais qu'on se mette au travail ?

– Ouais. Ils veulent quoi au juste ?

5. Un atelier de trois heures comprenant un exposé, une mise en situation et une période de questions.

– Tu pourrais utiliser ton cas de l'usine Carbona.

6. Avant de parler de contenu, il faut décider si l'on accepte ou non.

– As-tu le goût ?

7. Oui, mais j'hésite. Nous avons déjà un carnet de commandes très chargé. Le congrès aura lieu dans trois mois. Cela nous laisse peu de temps.

– Parlant de carnet de commandes, j'ai oublié de te dire que la réunion de demain avec les représentants de Qualibec a été retardée. As-tu des disponibilités pour la semaine prochaine ? Ils proposent mercredi après-midi ou jeudi matin.

8. J'aimerais mieux qu'on règle la question du congrès avant de parler d'autre chose.

– D'accord. Mais ne me laisse pas oublier de regarder nos agendas avant de terminer.

9. Si l'on accepte, il faudrait qu'on se répartisse les tâches et qu'on évalue si l'on peut respecter l'échéancier. Ils demandent une description de l'atelier pour la semaine prochaine. Ils en ont besoin pour leur publicité.

– Ouais, c'est toujours la même chose. Ils prennent des mois à produire leur programme et quand arrive le temps d'inviter les gens, ils veulent ça pour hier. Tu te rappelles, l'année passée, pour l'Association du temps perdu ? On nous demandait de produire une recherche en vingt-quatre heures.

10. Pierre, s'il te plaît. Il nous reste vingt minutes pour prendre une décision.

– Oui, oui, j'arrive…

(La conversation se poursuit et on décide de ne pas accepter l'offre ; mais il a fallu que le collègue de Pierre garde constamment l'œil sur son GPS.)

Tu as peut-être vécu des rencontres où, après avoir parlé de toutes sortes de choses sans importance, on constate qu'il reste à peine quelques minutes pour ce qui devait être le plus important. Quand j'utilise un GPS, je me fais le gardien des procédures. Je cherche le lien entre ce que l'autre dit et la destination visée. Je me surveille moi-même et, si je m'aperçois que j'ai pris un détour par mégarde, je reviens sur la route principale en disant, par exemple : « Excuse-moi, je suis en train de m'égarer ; revenons à nos moutons… »

Gare aux nids-de-poule

Une autre astuce consiste à ne pas se laisser égarer par des propos qui compromettraient la poursuite de l'objectif s'ils étaient relevés. J'utilise l'image du nid-de-poule pour désigner de tels propos. Sur les routes asphaltées, surtout celles qui sont mal entretenues, ces trous dans la chaussée peuvent nuire à la conduite. Parfois, ils sont petits et sans danger réel, mais les soubresauts de la voiture nous ralentissent malgré tout. D'autres sont plus profonds et peuvent causer d'importants dommages. Sur la route de la communication, le conducteur averti surveille les nids-de-poule et les évite dans la mesure du possible. Relis cet extrait du dialogue entre Claudia et Germain, cité dans le chapitre II. Dans le passage en italiques, Claudia évite le nid-de-poule qui aurait consisté à entreprendre une discussion sur la gestion du service.

5. Tu trouves ça idiot ! Moi, je considère que c'est une question de saine gestion. Le temps que Jacques consacre à ton projet doit être facturé à notre service et son patron a besoin du formulaire pour gérer son budget.

– Parlons-en, de saine gestion... Il y a plus d'un mois, j'ai demandé des statistiques à ce service pour un dossier dont je m'occupe et je n'ai encore rien reçu.

6. *Germain, as-tu entendu ce que je viens de te dire ?*

– Oui...

Il n'est pas toujours facile de résister à la tentation de relever des choses inexactes ou de répliquer à des remarques avec lesquelles on est en désaccord, mais le conducteur astucieux les considère souvent comme des nids-de-poule à éviter. Il donne un petit coup de volant et continue son chemin. Le critère sur lequel je me fonde pour décider de relever ou non ce genre de remarques dépend des circonstances et de mes priorités. Si rien ne presse, je peux répliquer, corriger, entreprendre une discussion sans rapport avec ma destination. Mais je préfère les ignorer si cela risque d'envenimer la discussion ou de compromettre le voyage. Je peux aussi laisser entendre que je ne suis pas d'accord avec ce que l'autre vient de dire avant de remettre à plus tard la discussion. Je t'en donne un exemple dans le dialogue suivant entre un locataire et son propriétaire. J'ai mis en italiques le passage que je considère comme un nid-de-poule et le passage où le conducteur l'a évité.

1. Salut, Toni. J'aimerais qu'on prenne une décision au sujet de la réclamation auprès de la compagnie d'assurances.

– Ouais, ça traîne encore cette histoire-là ?

2. Oui. Ça fait maintenant quatre mois, depuis que le sous-sol a été inondé. Nos assureurs se renvoient la balle, chacun disant que c'est à l'autre de payer.

– Ça t'a coûté combien, finalement, pour le nettoyage ?

3. Je viens de recevoir la dernière facture. Ça fait un total de 430 $.

– Qu'est-ce que tu proposes ?

4. Je vois deux solutions. Ou bien on règle ça entre nous et on partage les dépenses – chacun 215 $ –, ou bien on engage un avocat pour forcer l'assureur à payer.

– *Mettre les avocats là-dedans, ce n'est pas un cadeau : tout ce qu'ils cherchent, c'est à éterniser les choses pour faire plus d'argent.*

5. Écoute, Toni, *je pense que tu as des préjugés contre les avocats et j'aimerais bien qu'on s'en parle un de ces jours*, mais, pour l'instant, je ne tiens pas, moi non plus, à traîner cette affaire pour un montant si minime.

– Ouais...

6. C'est pourquoi j'ai pensé qu'on pourrait partager les frais.

– Ouais. [Silence.] Pourtant, on a déjà reconnu que le problème ne relevait pas d'un défaut de construction, mais des appareils que tu as fait installer.

7. C'est ce que je pense, mais mon assureur prétend le contraire...

– Évidemment...

8. Alors, qu'est-ce que tu penses de ma proposition ?

– Bon, d'accord, j'aime mieux te donner 215 $ que de payer des avocats...

Le nid-de-poule est un commentaire de l'interlocuteur que je choisis de ne pas relever ou de ne pas commenter longuement. Je peux avoir différentes raisons : j'estime que c'est sans conséquence, je ne suis pas intéressé à dévoiler ma divergence, je considère que cela nous retarderait, je sais par expérience que c'est un sujet qui conduit à un cul-de-sac, etc. La manœuvre consiste à ne pas tenir compte de ce commentaire en gardant le cap sur la route principale ou tout au plus à nommer la divergence pour y revenir au besoin.

Le lave-glace

Une autre difficulté sur la route de la communication vient de la saleté qui encrasse le pare-brise et empêche de voir le chemin. Dans ma voiture, je dispose d'un lave-glace. Sur la route de la communication, je peux aussi me donner des moyens de nettoyer les éclaboussures psychologiques : méchancetés, remarques désobligeantes, injustices et toutes sortes de conneries que certains conducteurs me lancent en pleine figure. Quand on se fait faire mal, il est difficile de poursuivre sa route. Si rien ne nous y oblige, on peut toujours bifurquer, mais souvent on est contraint d'endurer. Germaine est cadre intermédiaire dans une entreprise de fabrication. Elle raconte à sa meilleure amie, Colette, comment elle a utilisé son lave-glace devant un patron particulièrement déplaisant.

– Salut, Germaine. Je t'ai demandé de dîner avec moi parce que j'ai le goût de chialer contre Gérard [son patron].

I. Il t'a encore fait des vacheries ?

– Oui ! C'est pas possible ! Je le rencontre dans le corridor et lui dis que j'ai un problème avec le nouvel ordinateur. Sais-tu ce qu'il me répond ?

2. Non, mais j'en ai une bonne idée : encore une remarque « macho » comme il en a l'habitude ?

– Ouais. Il me dit : « Viens ma petite fille, je vais t'arranger ça. » Je l'aurais étripé. J'ai beau savoir qu'il est paternaliste et qu'il ne changera pas, c'est plus fort que moi. Je réagis à chaque fois.

3. Je pense que c'est ce qu'il souhaite. Je vais te raconter comment je m'en suis sortie avec un patron de ce genre, il y a deux ans. Tu ne l'as pas connu, il est parti avant que tu arrives. J'ai commencé par lui dire que je trouvais ses remarques sexistes très déplaisantes ; il a pris ça à la blague, me disant que j'étais susceptible. Une autre fois, je l'ai carrément engueulé. Il a trouvé ça moins drôle et s'est calmé pendant quelques jours. Mais il a recommencé. J'ai compris que, quoi que je fasse, ça ne changerait rien et j'ai décidé de me débrouiller toute seule.

– Comment t'as fait ?

4. J'ai trouvé un truc. Je me suis dit : « Germaine, il n'y a rien à faire ; ton patron ne changera pas. » Mon problème était de trouver une façon de ne plus réagir. Je me suis dit : « Pourquoi ça me choque tant ? Quelle est la corde sensible qu'il touche par ce genre de remarques ? » Je n'ai pas eu besoin de faire une longue psychanalyse pour découvrir que je ne me sentais pas respectée. Là, j'ai trouvé un moyen qui m'a aidée à ne plus réagir.

– Qu'est-ce que c'est ?

5. J'ai décidé de me faire un cinéma dans ma tête. Pendant qu'on se parlait, je me suis mise à guetter ce que j'appelais ses vacheries. Je me suis fait une échelle sur laquelle j'ai mis à 1 une petite vacherie qu'il avait faite, mais que j'avais supportée facilement. J'ai mis à 10 la pire vacherie que j'avais subie : une qui m'avait empêchée de dormir la nuit suivante. Et là, j'ai commencé un jeu dans ma tête. Quand je le rencontrais, j'attendais la prochaine vacherie pour la situer sur mon

échelle entre 1 et 10. Ça m'a aidée à prendre de la distance. En jouant à ce jeu, j'avais l'impression de me sentir plus futée que lui.

– Et tu as réussi à ne plus réagir?

6. Oui, tout à fait. J'ai constaté que ce qui me blessait avant d'avoir inventé mon jeu me faisait sourire maintenant. Je me disais: «Là, il en perd, je lui donne 4.» Parfois, je disais: «Là, il améliore sa moyenne: 7 ou 8 sur mon échelle.» Ça continuait à faire mal, mais pas plus qu'une piqûre de maringouin.

– Et cela a duré?

7. Oui, j'ai réglé mon problème. Mais tu ne sais pas le plus drôle? J'ai constaté qu'il cessait de faire ses vacheries. J'imagine qu'il n'y prenait plus plaisir. C'est pourquoi je te disais au début que ton patron cherche probablement à te faire réagir pour constater le pouvoir qu'il a sur toi. Enlève-lui ce plaisir et il cessera peut-être.

– J'en doute. Je pense plutôt que, pour lui, c'est une seconde nature; il est comme ça avec tout le monde, même avec celles qui ne réagissent pas.

8. Essaie quand même mon truc; ça t'aidera peut-être à te sentir mieux.

– Je vais sûrement l'essayer. Je t'en donnerai des nouvelles.

Un élément important dans l'astuce inventée par Germaine, elle s'est posé la question clé: pourquoi ce qui me choque me choque? J'utilise très souvent cette astuce moi-même et je constate que cela m'aide à trouver ce qui fait mal en moi lorsqu'un interlocuteur éclabousse mon pare-brise. Ça m'a aussi aidé à faire le plein de liquide dans mon lave-glace.

J'ai parfois utilisé le truc de Germaine, mais j'ai trouvé quelque chose qui me réussit encore mieux. Pendant que je reçois des conneries plein le pare-brise, je me fais aussi du cinéma. Je me laisse aller à des scénarios qui m'aident à me détendre. Pendant que l'autre m'éclabousse, je lui dis toutes sortes de bêtises dans ma tête. Ça me calme et je peux continuer à lui parler sans même qu'il se rende compte de rien.

Les phares antibrouillard

Tu as déjà circulé dans le brouillard ? Sur la route de la communication, il y a aussi de la brouille à l'occasion : irritations, divergences marquées, conflits de toutes sortes. Elle peut conduire à la rupture. C'est parfois inévitable. Mais plusieurs conducteurs habiles ont trouvé une astuce pour régler les conflits : ils évitent de faire porter le blâme à l'un ou l'autre. Ils cherchent à ce que l'objet du conflit devienne un problème commun. C'est ce que j'appelle allumer les phares antibrouillard. Cela ne fonctionne pas toujours, mais observe Christian dans sa relation avec Jean-Paul. J'ai mis en italiques le passage où il allume ses phares antibrouillard.

1. Jean-Paul, quand nous avons décidé de covoiturer, te rappelles-tu la condition que j'y ai mise ?

– Ouais, ouais, tu vas encore m'engueuler parce que je suis cinq minutes en retard.

2. Si c'était juste une fois en passant, je pourrais l'accepter ; il me semble que j'ai été assez tolérant jusqu'à présent. Et à part ça, ce n'est pas cinq minutes, mais douze minutes exactement.

– C'est pas ma faute. J'avais un dossier urgent à mettre dans le courrier avant de partir.

3. C'est pas ta faute... C'est ça qui me décourage, ce n'est jamais ta faute.

– Écoute, Christian, tu ne trouves pas que tu exagères ? Tu vis avec une horloge dans le ventre. Qu'est-ce que cinq minutes de plus ou de moins ?

4. Je vois bien que, pour toi, ce n'est rien. Pourtant, je t'ai expliqué des dizaines de fois les inconvénients : le trafic est plus lent, les enfants attendent à la garderie et quand on arrive à la maison tout le monde est stressé.

– Je pense que c'est toi qui crées le stress...

5. C'est moi... Jean-Paul, tu essaies de me renvoyer la balle. *J'aimerais mieux qu'on dise que nous avons un problème et j'aimerais bien que nous trouvions une solution qui tienne compte de nous deux.*

– Moi, je n'ai pas de problème. Ton problème, c'est que tu vis toujours avec la montre en main.

6. [Silence.] Bon, n'en parlons plus. Si tu refuses de voir le problème, c'est du temps perdu.

(Le lendemain, Jean-Paul sort du bureau avec dix minutes de retard. La voiture n'est pas là. Christian est parti sans l'attendre. Il a réglé son problème. Jean-Paul réalise que le problème soulevé par Christian le concerne.)

La plupart des brouilles sur la route de la communication viennent de la difficulté à accepter ou à tolérer l'autre tel qu'il est. Christian a pourtant allumé ses phares antibrouillard en essayant de présenter la situation comme un problème commun. Le truc n'a pas marché et Jean-Paul a refusé de prendre sa part de responsabilité. La réaction de Christian montre qu'il avait atteint sa limite de tolérance ; il a éteint ses phares antibrouillard et décidé qu'il était capable de régler seul son problème personnel. Le brouillard n'en sera que plus épais le lendemain matin. On ne sait pas si le covoiturage va se poursuivre après cette manœuvre de Christian. Si oui, partir à l'heure ne sera plus uniquement l'affaire de Christian : les deux auront allumé leurs phares antibrouillard. Si le covoiturage suscite un conflit de personnalités, la décision d'y mettre fin sera probablement une meilleure solution. C'est l'histoire de bien des divorces. Lorsque la somme des emmerdements dans un couple dépasse la somme des gratifications, c'est le brouillard quasi permanent.

Revenons aux phares antibrouillard. L'astuce utilisée par Christian donne souvent de bons résultats. S'il avait voulu garder les phares allumés plus longtemps, il aurait pu annoncer la solution qu'il envisageait si Jean-Paul persistait à refuser sa part du problème. Peut-être qu'ils auraient pu arriver à une solution sans sortie de route, cette solution fût-elle radicale, comme mettre fin au covoiturage. Dans le domaine affectif, l'utilisation de phares antibrouillard peut faire la différence entre une rupture harmonieuse et une rupture qui déchire.

Lorsque j'ai installé des phares antibrouillard sur ma vraie voiture, j'attendais presque avec impatience l'occasion de m'en servir. En découvrant des trucs pour traiter les divergences et les conflits, ce serait exagéré de dire que j'avais hâte d'avoir des conflits, mais je me sentais plus en mesure de les résoudre. Et cela a souvent réussi.

Sur certaines routes, on sait que le brouillard peut se manifester plus souvent. On y trouve des panneaux de signalisation : « Attention, risque de brouillard pour les 15 prochains kilomètres ». Sur la route de la communication, les bons conducteurs se donnent aussi des avertissements. Ils savent qu'en abordant certains sujets avec certaines personnes ils courent un plus grand risque de brouille. Ils respectent avec encore plus d'attention toutes les règles pour une conduite prudente. Ils font aussi de la prévention et allument leurs phares antibrouillard dès qu'ils entrent dans cette zone. Ils essaient de formuler les problèmes sans faire porter le blâme par l'un ou l'autre. Ils évitent de condamner qui que ce soit. Bref, ils cherchent une solution qu'on appelle sans perdant.

Un ami que je considère comme un excellent communicateur m'a raconté un jour comment lui et sa compagne ont utilisé leurs phares antibrouillard pour résoudre un conflit. Voici le résumé de l'interview au cours duquel il m'en a fait part.

– Dominique, une chose m'intrigue. Depuis que vous êtes mariés, Hélène et toi, tu m'as très souvent parlé de vos problèmes au sujet de l'argent. Et je constate que, depuis un certain temps, tu n'en parles plus. Je ne veux pas être indiscret, mais tu connais ma curiosité pour tout ce qui touche la communication. Si cela ne t'ennuie pas, j'aimerais bien savoir où vous en êtes, Hélène et toi.

– Ça ne m'ennuie pas du tout. Je suis même assez fier de la solution que nous avons trouvée.

– Je t'écoute.

– Tu connais bien le problème. J'ai été élevé dans une famille où il fallait toujours y penser à deux fois avant de faire la moindre dépense. Hélène vient d'un milieu plus aisé où l'argent n'a jamais manqué. Quand nous nous sommes mariés, nous avons ouvert un compte commun et décidé qu'à la fin de chaque année nous mettrions de côté le surplus accumulé. Pour moi, c'était un objectif important et je surveillais spontanément mes dépenses, comme je l'ai toujours fait. Hélène, tu le sais, dépensait sans se soucier de faire des économies. Conséquence, on se faisait mal assez souvent.

– Oui, tu n'as cessé de me parler de vos disputes à ce sujet. Mais que s'est-il passé ? Tu ne me diras pas que vous avez changé vos attitudes face à l'argent !

– Non. Et c'est ça la différence. Un jour, j'ai réalisé que, dans toutes nos disputes, il était clair pour moi qu'Hélène avait une attitude d'enfant gâté et qu'elle devait changer. Pour elle, j'étais un grippe-sou. C'est elle qui nous a mis sur la piste. Un jour, au cours d'une réconciliation, elle m'a dit : « Dominique, penses-tu qu'un jour on va changer ? » Cette phrase a été un déclencheur. J'ai réfléchi et j'ai constaté que j'avais toujours condamné l'attitude d'Hélène : « J'avais raison et elle devait changer. » Je n'ai pas réussi à faire la liste des arguments qui auraient pu lui démontrer qu'elle devait changer son attitude. Je suis arrivé à la conclusion que mon attitude était la bonne pour moi, mais pas pour elle ; que la sienne était la bonne pour elle, mais pas pour moi.

– C'est ce raisonnement qui vous a conduits à une solution ?

– Oui. La solution est devenue bien simple lorsque nous avons accepté l'idée qu'aucun de nous n'allait changer. Nous avons fait des budgets séparés. Chacun a son compte personnel et devient responsable d'une partie des dépenses familiales.

– Et cela a suffi pour régler le problème ?

– Honnêtement, je ne peux m'empêcher de faire des remarques désobligeantes face à certains achats d'Hélène ; mais j'accepte qu'elle me remette à ma place. Je fais la même chose lorsqu'elle veut se mêler de mes affaires. Ce sont des irritants plutôt insignifiants qui ne gâchent plus notre plaisir de vivre ensemble.

On retrouve dans l'histoire de Dominique le même truc : faire de notre divergence ou de notre conflit un problème commun, accepter l'autre tel qu'il est et chercher la meilleure solution, ou le moindre mal. L'astuce leur a permis d'éliminer les sorties de route.

Chacun sa voiture

Tu connais l'expression *back seat driver*? Ton passager te dit constamment quoi faire ou ne pas faire. Sur la route de la communication, certains conducteurs veulent diriger les deux voitures. Cela rend le voyage désagréable et mène souvent à des sorties de route. J'ai constaté par ailleurs que les bons conducteurs ne font jamais ce que j'appelle de l'ingérence. En comparant leurs conversations avec celles des chauffards, je note plusieurs phrases qui commencent par « je » alors que le chauffard fait plein de phrases qui commencent par « tu ». Des « tu » suivis d'interprétations, de commandes, de consignes: « tu devrais », « tu vas faire ceci ou cela », « tu n'as pas le droit ». Il y a ingérence lorsqu'on dit à l'autre ce qu'il devrait faire ou penser ou ressentir, en laissant entendre que le choix ne lui appartient pas.

Observe ce père de famille qui aborde la question de la drogue avec son fils de seize ans.

1. Camille, viens ici, il faut qu'on se parle.

– [Sur un ton d'impatience:] Qu'est-ce qu'il y a encore?

2. Il y a que tu as encore fumé du hasch. Il faut que ça cesse, tu m'entends?

– C'est faux, j'ai rien pris.

3. N'essaie pas de me mentir. [Il lui montre ce qu'il a trouvé dans sa chambre.] Et ça, qu'est-ce que tu penses que c'est?

– Ce n'est pas à moi.

4. Ah non? Alors qu'est-ce que ça faisait dans ta chambre?

– [En colère:] Tu as fouillé ma chambre! Tu n'as pas le droit...

5. Réponds à ma question: qu'est-ce que ça faisait dans ta chambre?

– Je ne sais pas. Ce n'est pas à moi.

6. Tu ne t'en tireras pas comme ça. Va dans ta chambre et réfléchis bien. Tant que tu ne m'auras pas dis d'où ça vient, plus d'argent de poche; et tu rentres à 21 h à chaque soir.

– [En colère:] T'es chien! T'es vieux jeu! Tout le monde en prend aujourd'hui. Tous mes amis fument! Et t'es ben chanceux que ce soit juste des joints. C'est plein d'héroïne à l'école.

7. [Sur un ton menaçant:] Où as-tu pris ce poison?

– [Sur un ton agressif:] Je ne te le dirai pas. [Il monte à sa chambre et claque la porte.]

J'ai connu une mère de famille qui a eu le même problème avec son adolescent. Elle lui avait parlé plusieurs fois sans succès, et pourtant elle était une virtuose sur les routes de la communication. Aucune escalade, mais son fils lui faisait chaque fois de vagues promesses qu'il ne tenait pas. Après un certain temps, la route de la drogue était devenue taboue: chaque fois qu'elle souhaitait aborder le sujet, son fils s'impatientait et bifurquait. Un jour, elle a eu l'idée suivante: elle a décidé de parler d'elle plutôt que de son fils. Pendant plusieurs jours, elle a tenu ce qu'elle a appelé «le journal de ses inquiétudes». Chaque fois, durant la journée, qu'elle pensait à lui, se demandait ce qu'il faisait ou imaginait des scénarios catastrophiques, elle écrivait cela dans son journal. Après quelques jours, elle a déposé son journal dans la chambre de son fils avec un petit mot: «Si la drogue ne t'inquiète pas, je veux au moins que tu saches que ce n'est pas mon cas. Ta mère qui t'aime bien.» Le lendemain, au déjeuner, le fils semblait gêné, mais il est parti pour l'école sans rien dire. Le soir, en entrant, il a embrassé sa mère sur le front. Ils se sont parlé pour de bon cette fois; ils ont repris la route.

Si tu as déjà été en position d'autorité, tu sais que le pouvoir de diriger une autre personne est bien fragile. Tu peux sévir, tu peux menacer et obtenir que l'autre te suive sur ta route s'il te craint suffisamment, mais il y a de fortes chances pour qu'un jour tu en paies le prix. Les conducteurs-vedettes que j'ai interviewés me disent souvent qu'ils obtiennent de meilleurs résultats lorsqu'ils parlent d'eux et non seulement de l'autre. Ils privilégient la transparence et ne se gênent pas pour dévoiler leurs intentions. Certains appellent cela des « messages *je* ».

- « J'aimerais beaucoup que tu changes d'attitude, et je vais te dire mes raisons. »
- « La vraie raison pour laquelle je te demande cela, c'est que j'ai besoin... »
- « Je pourrais sévir et prendre des sanctions, mais j'aimerais mieux ne pas être obligé d'en arriver là. »
- « Je te regarde aller depuis un certain temps et je me pose des questions... »
- « Je me demande pourquoi... »
- « Je n'aime pas ça du tout... »

L'essentiel de cette astuce est de laisser l'autre conduire sa voiture tout en lui donnant l'information qui peut l'aider. Et je ne parle pas uniquement des situations où je suis en position d'autorité ; avec mes amis, mes patrons, mes collègues, mes enfants ou mes parents, c'est la même chose. Même quand on se préoccupe du bien de l'autre, il semble qu'on soit moins efficace si l'on essaie de conduire sa voiture à sa place. Des professionnels qui auraient toutes les raisons au monde de faire de l'ingérence me disent qu'ils sont plus efficaces lorsqu'ils invitent leurs clients ou leurs patients à prendre leurs responsabilités. Ils ne disent plus quoi faire, mais se limitent à donner de l'information fondée sur leur expertise.

- Au lieu de dire : « Il faut que vous arrêtiez de fumer », le médecin dira : « Je suis persuadé que le tabagisme est étroitement lié à vos problèmes ; voulez-vous plus de détails ? »
- Au lieu de dire : « Ne faites pas cette transaction maintenant », le conseiller financier dira : « J'ai des mauvaises nouvelles pour vous : si vous faites cette transaction, vos liquidités seront à zéro dans six ou huit mois. »
- Au lieu de dire : « Vous devez mettre fin à cette relation », le conseiller matrimonial dira : « J'ai des statistiques qui pourront vous aider à prendre une décision : on sait que la majorité des conjoints qui usent de ce genre de violence verbale passent à l'acte un jour ou l'autre. »
- Au lieu de dire : « Il faut que tu te décides à étudier sérieusement », le professeur dira : « Actuellement, je pense que tu t'en vas vers un échec. »
- Au lieu de dire : « Ne fais pas ça », l'ami dira : « J'ai peur que tu le regrettes amèrement si tu prends cette décision. »

Pour conclure ma présentation de cette astuce qui consiste à laisser l'autre conduire sa voiture, je te demanderai de me dire laquelle des deux affirmations suivantes tu préfères : « Je suis convaincu que c'est une bonne façon de rendre la communication plus efficace » ou « Tu ne dois jamais dire à l'autre ce qu'il doit faire ».

Le régulateur de vitesse

Un de mes collègues parlait en blague de la litanie des « je », « tu », « il » pour illustrer comment on interprète différemment les événements. Il partait de faits observés et en donnait trois versions en variant le pronom de chaque phrase. Un exemple :

Au cours d'une réunion, une personne est intervenue très souvent. On en parle après la réunion :

Version de la personne (je) : « Heureusement que j'étais là pour donner l'heure juste. »

Remarque d'un collègue (tu) : « Tu prends beaucoup de place dans le groupe. »

Version d'un autre membre en l'absence de la personne concernée (il) : « Il veut mener tout le monde. »

Une cause fréquente d'accidents sur les routes, surtout quand elles sont glissantes, est l'accélération trop rapide. Sur la route de la communication, cela consiste à faire un sprint d'interprétations sans pouvoir citer les faits qui sont à l'origine de ces interprétations. Une astuce que se donne le conducteur averti est d'utiliser un régulateur de vitesse. Pour éviter de semer son interlocuteur, il s'abstient de toute interprétation qu'il ne peut étayer. Assistons d'abord à un sprint inefficace avant de voir ce que donnerait un régulateur de vitesse. Diane est responsable syndicale ; elle fait des reproches à un membre de son unité.

1. France, tu manques de solidarité.

– Que veux-tu dire ?

2. Tu joues le jeu des patrons.

– Jamais de la vie, c'est toi qui veux jouer au petit *boss.*

3. Je t'avertis, les traîtres, on peut leur faire la vie dure.

– Au lieu de chercher des poux à ceux qui ne pensent pas comme toi, tu devrais t'occuper de l'intérêt des membres.

4. Tu as toujours eu une attitude négative.

– Qu'est-ce que tu me reproches exactement ?

5. Je n'ai pas besoin d'entrer dans les détails, tu sais de quoi je parle.

– Non, figure-toi que je ne le sais pas.

6. Ne joue pas à l'innocente. Ce n'est pas la première fois qu'on en parle.

– Précisément, ce n'est pas la première fois, mais tes accusations sont sans fondement.

7. On n'est pas ici dans un tribunal où il faut prouver tout ce qu'on dit. Tu manques de solidarité et ça, tu ne peux le nier.

– Va te faire foutre !

L'accident était inévitable. Même lorsque France invite Diane à dire sur quoi reposent ses interprétations, le sprint continue : « Manque de solidarité », « jouer le jeu des patrons », « traître », « attitude négative », « tu sais de quoi je parle », autant d'interprétations qui pourraient mener quelque part si l'on partait des faits. L'astuce du régulateur de vitesse consiste à se prémunir contre la tentation d'accélérer trop rapidement. Probablement que, si Diane avait utilisé les feux de signalisation, elle se serait aperçue que plus elle accélérait, plus c'était rouge en face d'elle. Reprenons la scène en utilisant le régulateur de vitesse et en respectant les règles pour une conduite prudente.

1. France, tu manques de solidarité.

– Que veux-tu dire ?

2. On m'a dit que, dans le comité Santé et sécurité au travail, tu as adopté la position des patrons.

– Un instant ! On, c'est qui ? Et qu'est-ce qu'on t'a rapporté exactement ?

3. Je ne veux pas te dire de qui il s'agit. J'ai promis la confidentialité.

– La confidentialité ! C'est probablement Colin, il semblait me fusiller des yeux chaque fois que j'ouvrais la bouche.

4. Écoute, il y avait 20 personnes à cette réunion. Peu importe de qui cela vient, ce qui compte actuellement, c'est d'avoir une position solidaire dans ce dossier.

– J'aimerais bien savoir ce qu'on t'a rapporté pour que tu t'énerves comme ça.

5. Les patrons veulent fermer le Service d'aide aux employés et tu t'es dite d'accord avec eux. Est-ce que c'est juste?

– Non.

6. Pourtant, on m'a rapporté une phrase, que j'ai notée: « Le Service d'aide aux employés ne fait rien pour diminuer les cas d'épuisement professionnel. » Est-ce que tu reconnais cette phrase?

– Je regrette, mais c'est tout de travers. D'abord, il manque un mot au début de la phrase. J'ai dit: « Présentement, le Service d'aide... » Et, en plus, c'est rapporté hors contexte. J'ai parlé après que le psychologue a lui-même demandé un élargissement de son mandat pour créer un comité de prévention. Non seulement je ne disais pas de supprimer le Service, mais j'appuyais le psychologue qui souhaitait le rendre plus efficace.

7. C'est bien différent de ce qu'on m'a dit.

– Très différent, oui. Et, côté solidarité, ce n'est pas parce que je critique souvent vos décisions à l'exécutif que je manque de solidarité.

8. Je veux bien te croire, mais il est certain qu'on cherche à utiliser ton intervention pour tenter de supprimer le Service.

– Tu as encore des doutes?

9. Ben, je ne sais plus. Sans nommer la personne qui est à l'origine de cette information, je peux te dire qu'elle est très au courant de ce qui se trame à la haute direction. Et peu importe ce que tu as dit, on s'en sert contre nous.

– Écoute, si tu n'es pas convaincue, faisons venir le psychologue ; il est de notre côté et il pourra te donner sa version. Il pourra aussi nous aider à défendre nos intérêts.

10. C'est une idée. [Elle prend le téléphone.]

(Le psychologue vient les rejoindre. Il confirme la version de France. On l'informe de l'usage qu'on fait des paroles de France et on trouve une façon de neutraliser cette manœuvre de la direction.)

Attention à la marche arrière

Un jour, j'étais en attente derrière une voiture à un feu rouge. Lorsque le feu a viré au vert, le conducteur a accéléré et « bang » : il est parti à reculons et a embouti ma voiture. Après la colère et les constatations des dégâts, il m'a expliqué qu'il s'était arrêté trop loin et avait reculé pour laisser passer les piétons. Il avait ensuite oublié de se remettre en marche avant. Sur la route de la communication, la marche arrière est souvent une cause de sortie de route. Le dialogue qui suit met en présence deux colocataires qui pratiquent la marche arrière.

1. François, nous avions convenu de partager les dépenses du logement. Tu m'as fait un chèque qui couvre le loyer et l'électricité, mais tu as oublié ta part pour l'installation du climatiseur. C'est écrit dans le relevé que je t'ai remis, sous le titre « autres dépenses », mais tu as oublié de le calculer.

– Non, je ne l'ai pas oublié. C'est un extra et je n'ai pas à payer pour ça. C'est toi qui en avais besoin. Moi, je peux m'en passer.

2. Un instant ! Deux choses : un, nous avons convenu de partager toutes les dépenses reliées au logement ; deux, tu n'es pas honnête quand tu dis que c'est juste pour moi. Tu te plaignais comme moi de

la chaleur insupportable. Je t'ai parlé d'acheter un climatiseur et tu étais d'accord.

– Ce n'est pas ce que nous avons convenu. Nous avons dit que chacun payait pour les extras.

3. Non ! Les extras, cela voulait dire des choses personnelles pour notre chambre : meubles, ordinateurs, décoration. Cela ne concerne pas les pièces communes. Le climatiseur, nous en profitons tous les deux.

– Non, c'est faux ! Les extras, c'est aussi des choses dont un seul a besoin même si c'est dans les pièces communes. Quand tu insistais pour mettre sur le mur du salon cette reproduction, il n'a jamais été question que je paye pour...

4. Tu changes les règles ! La reproduction, je l'ai reçue en cadeau et elle n'a rien coûté. Je t'en ai parlé parce que le salon, on l'habite tous les deux. Je voulais que tu sois d'accord.

– C'est ça ! J'étais d'accord, mais cela ne voulait pas dire que je voulais payer. C'est la même chose pour le climatiseur.

5. Non, ce n'est pas la même chose. Tu savais que cela entraînait une dépense quand nous avons décidé de l'acheter.

– Quand *tu* as décidé de l'acheter.

6. C'est faux. Tu m'as dit que c'était une bonne idée.

– C'est comme pour la reproduction. J'étais bien content que tu m'en fasses profiter. Il t'appartient, ce climatiseur et, si on part d'ici, tu pourras l'apporter.

7. Merde...

Voilà ! Merde ! On ne voit pas très bien comment ils vont s'en sortir s'ils continuent à faire marche arrière. J'ai observé que les as de la conduite, sur les routes de la communication, évitent les querelles concernant le passé, à moins qu'un document écrit ou un témoin puisse les aider à rétablir les faits. Les souvenirs sont très souvent différents lorsqu'on se bute sur une mésentente. Non seulement est-il possible que, tout en étant de bonne foi, chacun ait interprété à sa façon une entente ou un événement, mais il n'est pas rare qu'on refasse l'histoire. On donne aujourd'hui une nouvelle interprétation à ce qui s'est dit. On peut même inventer, plus ou moins consciemment, des paroles en affirmant qu'elles ont été prononcées, même si ce n'est pas le cas. L'astuce des as de la route que j'ai observés est de ne pas s'acharner si l'on ne s'entend pas sur les événements passés. Ils cessent de faire marche arrière et reprennent la route en partant de ce qui se passe ici et maintenant. Voyons comment cela pourrait s'appliquer si je poursuis le dialogue en jouant le rôle de François.

– Bon, écoute, je pense que ce n'est pas en continuant à parler du passé qu'on va régler le problème.

8. Je ne suis pas d'accord. Nous avons convenu de partager les dépenses et si tu veux changer les règles, moi, je me cherche un autre colocataire.

– O.K. Tu penses que je change les règles. Moi, je pense que c'est toi qui changes les règles. Qui va trancher ? Je pense que ce n'est pas la façon de régler le problème.

9. Je suis certain que tu changes les règles...

– Tu es certain. Bon. Ben, moi aussi. Qu'est-ce qu'on fait ?

10. Tu payes ta part du climatiseur.

– [Silence.] J'ai une autre suggestion. Je veux bien qu'on trouve d'abord une solution pour le climatiseur. Mais je veux qu'on profite de cette situation pour clarifier davantage nos règles pour le partage des dépenses. O.K. ?

11. Tu me dois 260 $.

– C'est une façon de voir. Je vois au moins trois solutions : 1) j'accepte d'en profiter et je paie ma part ; 2) je refuse et tu retournes le climatiseur ou tu l'installes dans ta chambre et je m'en passe ; 3) on demande au propriétaire d'en payer une partie et on le lui laisse, à la fin de notre bail.

(La discussion se poursuit et on trouve une solution. On discute ensuite pour clarifier l'entente concernant le partage des dépenses et définir une procédure pour éviter les malentendus.)

Pour avoir souvent connu des sorties de route en voulant faire marche arrière, je considère que cette astuce contribue à une bonne communication. Ce qui m'a aidé, c'est que, souvent, j'étais certain d'avoir raison dans une discussion avant de me rendre compte que je me trompais. As-tu déjà, après avoir vérifié dans un dictionnaire, dû admettre que ton interlocuteur avait raison ? Quand on peut s'appuyer sur un écrit, livre ou autre, il est possible de s'en sortir, bien que, là encore, l'interlocuteur puisse apporter un autre écrit qui lui donne aussi raison. Parfois, on a un témoin. Dans le cas de la mésentente entre la responsable syndicale et France, on a fait venir le psychologue, qui pouvait confirmer ce qui s'était dit au cours de la réunion. L'astuce qui consiste à éviter la marche arrière est utile lorsque aucun moyen ne permet de rétablir les faits à la satisfaction des deux personnes concernées. Essentiellement, il s'agit de renoncer à clarifier le passé pour repartir sur la base de la situation actuelle. Le plus difficile est la frustration que je vis. Je « sais » que j'ai raison. Cela m'aide de me dire que l'autre éprouve la même frustration : lui aussi, il « sait » qu'il a raison.

L'aire de repos

J'aurai beau conduire prudemment et utiliser toutes les astuces possibles, je ne serai jamais à l'abri des imprévus. Une tempête subite, des travaux de voirie, un barrage routier, une fermeture de route, voilà un petit échantillon de ce qui nous guette lorsqu'on circule en voiture. Sur la route de la communication, comme sur les routes asphaltées, on a besoin parfois de mesures d'urgence. Plusieurs conducteurs émérites m'ont avoué que, malgré toute leur dextérité au volant, ils perdent parfois le contrôle. L'émotion est telle, par exemple, qu'ils ne peuvent même plus entendre ce que l'autre leur dit; chaque phrase qui s'ajoute provoque un nouveau dérapage. Certains lâchent tout, et tant pis pour l'accident! D'autres ont conçu une astuce: ils utilisent des aires de repos. Suis bien Pascal, coordonnateur d'une équipe d'intervenants dans un service du personnel, lorsqu'il est attaqué par Justine, une collègue de travail.

– Espèce de salaud ! Tu as réussi à me couillonner ! Tu savais que je voulais m'occuper du dossier Macbeth. Le patron m'a dit qu'il t'avait consulté et, finalement, c'est cette conne d'Isabelle qui va s'en occuper.

1. Qu'est-ce que le patron t'a dit à mon sujet?

– Il a dit qu'il t'avait consulté. J'ai toujours senti que tu voulais m'écarter des dossiers importants.

2. Écoute, Justine, je n'ai fait que répondre aux questions du patron. Je ne pouvais pas mentir pour te privilégier. Il m'a demandé qui avait le plus d'expérience dans les questions de harcèlement sexuel.

– Je peux très bien m'occuper d'un cas comme ça. Cette conne d'Isabelle était encore aux couches quand j'ai commencé à bosser ici.

3. Oui, mais elle a déjà traité trois cas semblables au cas Macbeth.

– Et puis après? On nous casse les oreilles avec une politique de polyvalence; ça veut dire quoi si on donne toujours les dossiers à ceux qui ont déjà de l'expérience? Non, je sais que ce n'est pas la vraie raison.

4. Et c'est quoi la vraie raison, d'après toi?

– La vraie raison, c'est que tu veux coucher avec elle.

5. Justine ! je t'interdis...

– Je ne suis pas folle, je la vois minauder chaque fois que tu es dans la pièce.

6. Justine, je comprends que tu sois en colère, mais...

– [En l'interrompant :] Et je t'observe aussi. Peut-être que, si on veut s'occuper des cas de harcèlement sexuel, on pourrait commencer dans ce bureau.

7. Justine...

– Je ne suis pas la seule à penser ça...

8. Justine...

– Qu'est-ce que tu faisais avec elle au restaurant, l'autre midi ? [Sur un ton sarcastique :] Un dîner d'affaires, sans doute ?

9. As-tu fini ?

– Non, je n'ai pas fini. Dis-moi pourquoi c'est elle qui a reçu le nouvel ordinateur en premier ?

10. Justine, tu es en colère et je pense que, si nous continuons sur ce ton, nous allons tous les deux le regretter.

– [Silence.]

11. Ce que tu me dis me fait penser à une crise de jalousie. Ce n'est peut-être pas le bon moment pour en parler, mais...

– [En le coupant :] Avoue que ton but est de coucher avec elle...

12. Tu veux que je te fasse un aveu ? Je vais t'en faire un. Actuellement, j'ai atteint mon seuil de tolérance. Je te conseille de quitter immédiatement mon bureau.

– La vérité choque ?

13. La bêtise choque ! Tu sors, et tout de suite.

(Elle sort sans ajouter un mot.)

Dans ce dialogue sans issue, Pascal s'en tire assez bien par rapport à mon *Petit code de la communication*. Il brûle quelques feux rouges (en 5 et en 13), mais il évite l'escalade, passant à la position de récepteur dès que les feux rouges commencent à s'accumuler. Il a pris un gros risque après avoir réussi à faire taire Justine et il semble en être conscient, mais c'est trop tard: « 11. Ce que tu me dis me fait penser à une crise de jalousie. Ce n'est peut-être pas le bon moment pour en parler, mais... » Il aurait pu laisser à Justine le temps de refroidir son moteur, de sorte qu'ils puissent partir ensemble. Par ailleurs, il utilise plusieurs astuces et applique plusieurs règles pour une conduite prudente.

Pascal se sert de son GPS pour ne pas s'égarer sur une route secondaire lorsque Justine lui fait un procès d'intention. Il utilise son décodeur si l'on en juge par les procédés qu'il emploie: reflets de sentiments et questions de clarification. Il se protège des éclaboussures en ne se laissant pas atteindre par l'entrée en matière de Justine: « Espèce de salaud ! » Il allume ses phares antibrouillard en essayant de formuler un problème commun: « [...] je pense que, si nous continuons sur ce ton, nous allons tous les deux le regretter. » Il ne fait aucune ingérence, laissant Justine conduire sa voiture sans porter aucun jugement de valeur, sauf à la fin, lorsqu'il devient exaspéré et décide de mettre fin à la conversation: « La bêtise choque ! » Il utilise le régulateur de vitesse en rectifiant les faits: « Écoute, Justine, je n'ai fait que répondre aux questions du patron. [...] Il m'a demandé qui avait le plus d'expérience dans les questions de harcèlement sexuel » ; « Oui, mais elle a déjà traité trois cas semblables au cas Macbeth. » Il fait usage de son clignotant lorsqu'il décide de mettre fin à la conversation: « Tu veux que je te fasse un aveu ? Je vais t'en faire un. » En alternant régulièrement la position d'émetteur et celle de récepteur, il évite de dépasser en zone dangereuse ou de se laisser distancer. Il prend ses courbes un peu vite, utilisant peu le procédé de préparation, mais Justine ne lui en laisse pas beaucoup la chance. La suite des répliques 7 et 8 interrompues (« Justine... ») aurait été intéressante. Malgré toutes ces manœuvres, la route devient de plus en plus dangereuse. Pascal opte pour l'aire de repos.

Plusieurs conducteurs avertis m'ont affirmé qu'il est plus facile de se reprendre lorsqu'on arrête à temps. Si tu atteins ton seuil de tolérance en présence d'un interlocuteur qui t'entraîne dans une course folle, tu peux toujours décider que c'est assez. Ce ne sera pas toujours aussi radical que dans le cas de Pascal. Voici des exemples que j'ai recueillis auprès de gens qui utilisent l'aire de repos :

- « Écoute, j'ai l'impression qu'on n'avance plus, que dirais-tu de reprendre ça à notre prochaine rencontre ? »
- « Je suis crevé, il reste encore des points à régler, mais je préfère reprendre cela plus tard. »
- « J'ai mon voyage ! Tu dis toujours la même chose et j'ai l'impression de parler dans le vide. Il est temps qu'on prenne une pause. »
- « Là, tu commences à devenir méchant et je n'aime pas ça du tout. Avant qu'on se fâche pour de bon, que dirais-tu de prendre un peu de temps pour laisser tomber la tension ? »
- « Un instant ! Si on continue comme ça, je sens que je vais devenir méchant. Je propose qu'on en reste là pour aujourd'hui. »
- « Ça suffit ! Si on continue, tu vas le regretter et moi aussi. Moi, j'arrête ici. »

Si tu jettes un regard sur tes propres expériences, tu trouveras probablement tes façons d'utiliser l'aire de repos. Je crois que chacun a, dans son répertoire, des trucs pour mettre fin à un voyage qui devient intolérable. La différence chez les conducteurs astucieux, c'est qu'ils voient venir l'accident. Au lieu de sortir de la route à toute vitesse en claquant la porte ou en donnant un coup de massue à l'interlocuteur, ils ralentissent pendant qu'ils sont encore sur la route. Ils actionnent leur clignotant et avertissent qu'ils ont besoin d'une pause.

☆

☆ ☆

Voilà ! J'en ai fini avec les astuces. J'ai choisi celles qui me semblaient les plus intéressantes, mais ma collection ne cesse de s'agrandir. Je suis persuadé que si j'avais la chance de t'interviewer, j'en découvrirais d'autres. J'arrête ici parce que je me suis juré que mon livre serait un « petit » code de la communication et non une encyclopédie. Je fais un résumé des règles et des astuces avant de conclure.

RÉSUMÉ

Règles pour une conduite prudente

Règle 1 : arrêter au feu rouge

Si une réaction de mon interlocuteur est tout à fait contraire à ce que je souhaitais entendre ou voir, je me donne un temps – un bref silence ou d'autres procédés de réception – avant de poursuivre.

Illustration : le gérant de magasin qui annonce à sa conjointe son intention de démissionner.

Règle 2 : partir ensemble

Je ne pars ni trop vite ni trop lentement. Je prends le temps de vérifier si l'autre veut me suivre. Je réagis rapidement si l'autre m'entraîne dans une direction où j'hésite à le suivre.

Illustrations : le neveu de tante Émilie ; l'associé de Marcel, pressé d'engager un adjoint.

Règle 3 : utiliser les clignotants

Pour rester ensemble pendant la conversation, je prends soin d'annoncer les changements de sujet, le passage à un autre point ou à une autre étape. Je m'assure aussi que l'autre est prêt à me suivre.

Illustration par la négative : un dialogue de sourds entre deux collègues qui reviennent de vacances.

Règle 4 : ne pas doubler dans une zone dangereuse

L'accumulation de répliques où j'occupe la position d'émetteur crée une zone dangereuse. Quelle que soit la réaction de mon interlocuteur, j'évite les monologues et je n'accumule pas plus de trois répliques dans la position d'émetteur sans passer à la position de récepteur pour vérifier si mon interlocuteur me suit.

Illustration : l'enseignante qui a une discussion avec une élève au sujet de ses notes faibles.

Règle 5 : ne jamais se laisser distancer

Je ne me laisse jamais distancer en restant silencieux ou en étant uniquement récepteur lorsque je ne suis pas sur la même longueur d'onde que mon interlocuteur et qu'il ne le sait pas.

Illustration : reprise du dialogue entre Marcel et son associé concernant l'embauche d'un adjoint.

Astuces

- Pour bien prendre une courbe

  J'alterne les procédés de préparation et la position de récepteur lorsque j'ai une explication difficile à donner ou une question délicate à aborder.

  Illustration : Geneviève qui enseigne la manœuvre d'embrayage à son fils.

- Le décodeur
  Pour bien comprendre les messages de mon interlocuteur, je me concentre sur ce qu'il vit en cherchant à répondre à la question: «Qu'est-ce qu'il ressent actuellement?» Je vérifie ma compréhension.

  Illustrations: Jean-Marc qui aide un ami ambivalent à prendre une décision concernant une offre de travail dans une autre ville; interview avec Solange, bénévole dans un centre d'écoute téléphonique.

- Le GPS
  Pour bien encadrer la conversation, je ne perds jamais de vue ma destination et je tiens compte du temps dont nous disposons; je ramène au sujet principal un interlocuteur qui a tendance à s'éparpiller et je me ramène moi-même à l'ordre lorsque je me suis égaré.

  Illustration: deux collègues qui décident s'ils doivent accepter de donner un atelier à l'occasion d'un congrès.

- Gare aux nids-de-poule
  Malgré le goût de réagir à un énoncé avec lequel je ne suis pas d'accord, je m'en abstiens ou je nomme la divergence pour y revenir au besoin lorsque cela risque de nous faire bifurquer.

  Illustration: un locataire qui discute avec son propriétaire des frais de nettoyage à la suite d'une inondation.

- Le lave-glace
  Pour nettoyer les éclaboussures psychologiques, une question: pourquoi ce qui me choque me choque? Une activité mentale pour me distraire de la douleur et prendre de la distance.

Illustration : Germaine qui raconte à une amie comment elle a réussi à se protéger d'un patron déplaisant.

- Les phares antibrouillard
  Pour prévenir un conflit ou pour régler un conflit, j'évite de faire porter le blâme sur l'un ou l'autre. Je présente la situation comme un problème commun que l'on peut résoudre ensemble. Je cherche une solution sans perdant.

  Illustrations : deux collègues qui tentent de régler un conflit relié au covoiturage ; Dominique qui raconte comment il a réglé un conflit avec sa conjointe au sujet de leurs attitudes face à l'argent.

- Chacun sa voiture
  J'évite les jugements de valeur et je parle de ce que je vis dans une situation problématique en utilisant des « messages *je* ». Quand je veux influencer, je donne l'information pour que l'autre fasse un choix éclairé, mais je le laisse prendre ses responsabilités. Je m'abstiens de toute ingérence.

  Illustrations : deux façons d'aborder le sujet de la drogue avec un adolescent.

- Le régulateur de vitesse
  Pour éviter de distancer mon interlocuteur, je ne fais aucune interprétation sans pouvoir l'étayer sur des faits observables. Je m'arrête à chaque mésentente pour discuter des faits qui m'ont conduit à mon interprétation.

  Illustration : affrontement entre une responsable syndicale et un membre du syndicat accusé de manquer de solidarité.

- Attention à la marche arrière
  Lorsqu'il est impossible de s'entendre sur un événement passé, je renonce à avoir raison et je repars avec ce qui se passe ici et maintenant.

  Illustration : deux colocataires règlent un différend concernant le partage des dépenses.

- L'aire de repos
  Je mets fin à une conversation qui s'envenime hors de tout contrôle. Je me donne des indices pour déterminer mon seuil de fatigue, les sujets ou les attitudes qui risquent de me faire perdre le contrôle et je fais de la prévention en demandant ou en exigeant une pause.

  Illustration : Pascal qui met fin à un affrontement avec une collègue agressive à son endroit.

CONCLUSION

Tout au long de ce livre, je t'ai invité à m'accompagner sur la route de la communication. Je t'ai proposé l'image d'une route que tu choisis ou qu'on t'impose. J'ai construit des voitures où tu deviens tour à tour émetteur et récepteur. J'ai introduit des feux de signalisation pour t'aider à avancer ou à freiner tout en surveillant ce qui se passe chez ton interlocuteur. J'ai résumé dans cinq règles pour une conduite prudente l'essentiel de ce que j'ai trouvé en cherchant à comprendre la différence entre un bon conducteur et un chauffard. Ces règles permettent d'éviter les sorties de route et les accidents au cours d'une conversation. Enfin, je t'ai donné un aperçu de ma collection d'astuces pour bien communiquer.

Pendant tout ce temps, j'ai essayé de t'imaginer en train de me lire ; dans le métro, en prenant ton café, dans ton bureau ou ton salon, assis près de la fenêtre ou en plein air. Je t'ai lancé quelques blagues sans savoir si tu allais rire ou faire la moue. Je t'ai fait prendre la place de personnages tantôt sympathiques, tantôt déplaisants en espérant que tu aurais un certain goût pour le théâtre. Je t'ai fait observer toutes sortes de relations. Je t'ai invité à tester dans ta réalité les pistes que je proposais. J'ai tenu pour acquis que tu avais, toi aussi, un code de la communication, en regrettant que nous ne puissions nous asseoir face à face pour comparer nos réussites et nos échecs. Et maintenant, nous allons nous quitter, si ce n'est déjà fait.

Mais avant, je voudrais dire quelques mots au sujet des limites de mon *Petit code de la communication*. Selon mon projet initial, mon code comprenait un cinquième chapitre, sur le covoiturage. Je pensais utiliser cette image pour parler d'un type de communication très différent de celui où chacun est seul à décider de sa route : une relation dans laquelle deux personnes s'entendent sur la destination et la façon de voyager, une relation qui exige un degré élevé de confiance et beaucoup d'engagement.

J'ai modifié mon projet après m'être rendu compte que j'étais devenu prisonnier des images employées depuis le début. Tu vois les difficultés ? La voiture représente, dans ce livre, le non-verbal de chaque conducteur. Je me vois mal déformer la réalité au point de réunir les deux partenaires dans un même corps. La magie a ses limites. De plus, le code que j'ai élaboré porte essentiellement sur la façon de conduire. Dans le covoiturage, il n'y a qu'un seul conducteur, même si chacun peut conduire à tour de rôle. En outre, il n'y a qu'un propriétaire, même si chacun fournit la voiture à tour de rôle.

Je devrai donc inventer autre chose si je veux parler un jour de cette relation que j'associais au covoiturage, une relation de coopération. L'ensemble de mon *Petit code de la communication* repose sur le contrôle personnel que chacun exerce sur la conversation : on y apprend à tenir compte de l'autre, mais chacun veille avant tout à ses propres intérêts. À tout moment, on peut bifurquer sans crier gare. Dans une relation de coopération, chacun est davantage lié à l'autre. On s'engage dans la poursuite d'un but commun, un but qui ne peut être atteint sans un partage des ressources propres à chacun des partenaires. La façon d'influencer et d'être influencé est exigeante : chacun y est respecté et valorisé dans un champ de compétence qui lui est propre. Dans une relation de coopération, chacun est aussi mis au défi de faire converger des intérêts souvent très différents. L'image du covoiturage disait cela. Mais, pour la suite, ça ne colle plus. Il faudra trouver autre chose. À suivre.

Une autre limite de mon *Petit code de la communication* : il ne dit rien du transport en commun. Une bonne partie de nos communications se font en groupe. Même si les règles présentées ici peuvent s'y appliquer en partie, plusieurs ajustements seraient nécessaires. Il faudrait de plus des astuces plus appropriées. Surtout si l'on veut y établir, là aussi, une relation de coopération.

Je ne sais pas si je trouverai les mots, le temps et l'énergie pour aller jusqu'au bout de mon projet. L'idéal serait un deuxième livre, un *Petit code de la coopération*, signé par deux auteurs qui, tout en l'écrivant, en feraient l'expérience. Et pourquoi pas un ouvrage collectif intitulé *Petit code de la vie en groupe* ?

Je pense que rien ne m'empêche maintenant de mettre le point final. Salut !

TABLE DES MATIÈRES

Achevé d'imprimer au Canada
en août 2004
sur les presses des Imprimeries Transcontinental, Inc.